齋《さい》藤《とう》孝《たかし》の覚《おぼ》えておきたい

日《に》本《ほん》の行《ぎょう》事《じ》

齋藤 孝

まえがき

伝統《でんとう》とは、昔《むかし》から今《いま》まで受《う》けつがれてきた、しきたりのこと。形《かたち》あるものもあれば、形《かたち》のないものもあるよ。

日本《にほん》の伝統《でんとう》を知《し》ることは、日本《にほん》という国《くに》の良《よ》さ、日本人《にほんじん》が大切《たいせつ》にしてきた心《こころ》を知《し》ることにもなるんだ。

これからは、海外《かいがい》で学《まな》んだり仕事《しごと》をしたりする人《ひと》もふえてくるし、また海外《かいがい》から日本《にほん》に来《く》る人《ひと》もふえてくるね。

外国《がいこく》の人《ひと》との交流《こうりゅう》がますますさかんになる時代《じだい》になるからこそ、自分《じぶん》が生《う》まれ育《そだ》った日本《にほん》のことを、よく知《し》っておいてほしいんだ。

そこで生《う》まれたのが、日本《にほん》の伝統《でんとう》を知《し》ろう！　というシリーズ。第一弾《だいいちだん》は「覚《おぼ》えておきたい　日本《にほん》の行事《ぎょうじ》」だよ。

行事《ぎょうじ》には、行事《ぎょうじ》特有《とくゆう》の言葉《ことば》や作法《さほう》、食事《しょくじ》や歌《うた》などがあるんだよ。そして、一年《いちねん》を通《とお》して行事《ぎょうじ》を見《み》ていくと、そこには日本人《にほんじん》の精神史《せいしんし》ともいえる、大切《たいせつ》な思《おも》いが流《なが》れていることに気《き》づくんだ。

この本《ほん》では、行事《ぎょうじ》を学《まな》ぶことより、「こんなこと、やってみたい！」と思《おも》うことを大切《たいせつ》にしているよ。行事《ぎょうじ》の食《た》べ物《もの》や歌《うた》などは、楽《たの》しんで実際《じっさい》にできると思《おも》うよ。「楽《たの》しそう！」から行事《ぎょうじ》に親《した》しむことで、いつの間《ま》にか、昔《むかし》から受《う》けつがれている日本人《にほんじん》の思《おも》いが体《からだ》にしみこんでくるよ。そして、日本《にほん》に生《う》まれ育《そだ》ってよかったと思《おも》うようになるんじゃないかな。

齋藤孝《さいとうたかし》の覚《おぼ》えておきたい

日本《にほん》の行事《ぎょうじ》

もくじ

1月《がつ》1日《ついたち》

お正《しょう》月《がつ》

【年《とし》の始《はじ》めを祝《いわ》う日《ひ》　その①】

お正月《しょうがつ》は、新《あたら》しい歳神様《としがみさま》をおむかえする行事《ぎょうじ》。歳神様《としがみさま》は、お米《こめ》がたくさんとれるようにしてくれたり、家庭《かてい》のピンチを救《すく》ってくれたりする神様《かみさま》。新年《しんねん》になると高《たか》い山《やま》からおりてきて、みんなの家《いえ》にやってくるんだよ。ありがたくおむかえしよう！

おせち料理《りょうり》には、それぞれ意味《いみ》があるんだよ。健康《けんこう》で、食《た》べ物《もの》にめぐまれて、長生《ながい》きできる、幸《しあわ》せな一年《いちねん》がすごせますようにという願《ねが》いがこもっているんだ。だから全種類食《ぜんしゅるいた》べないとね！

おせち料理《りょうり》

里《さと》いも　子《こ》いもがたくさんできるから、子《こ》だくさんを願《ねが》う。

こんにゃく　ひねった形《かたち》は、縁起《えんぎ》のいい馬《うま》を表《あらわ》しているよ。

小肌粟《こはだあわ》づけ　酢《す》と塩《しお》でしめた小肌《こはだ》を、粟《あわ》でつけこんだもの。小肌《こはだ》は出世魚《しゅっせうお》で縁起《えんぎ》がいい！

田作《たづく》り　お米《こめ》がたくさんとれるように…。小魚《こざかな》は米作《こめづく》りの肥料《ひりょう》だったんだ。

酢《す》ばす　れんこんの酢《す》づけ。あなから先《さき》がみとおせるね。

栗《くり》きんとん　金《きん》色《いろ》のきんとんは、小判《こばん》(お金《かね》)！

えび　腰《こし》が曲《ま》がるまで長生《ながい》きできるように！

紅白《こうはく》かまぼこ　紅《べに》はおめでたさと喜《よろこ》び、白《しろ》は神聖《しんせい》さを表《あらわ》しているよ。

伊達巻《だてまき》　「伊達《だて》」は、おしゃれで、はなやかという意味《いみ》。

黒豆《くろまめ》　まめまめしく健《けん》康《こう》ですごそう！

昆布巻《こぶまき》　「よろ…こぶ」。だじゃれだね！

数《かず》の子《こ》　卵《たまご》が多《おお》いから、子《こ》どもがたくさんできるように！

知《し》っておこう！

初詣《はつもうで》

「二礼二拍手一礼《にれいにはくしゅいちれい》」が、神社《じんじゃ》を参拝《さんぱい》するときの正式《せいしき》な作法《さほう》だよ。

①おさいせんを入《い》れて、すずをならす
②二度頭《にどあたま》を下《さ》げる
③二度手《にどて》を打《う》ち、願《ねが》いごとをとなえる
④もう一度礼《いちどれい》をする

願《ねが》いごとだけでなく、神様《かみさま》に感謝《かんしゃ》する気持《きも》ちが大事《だいじ》だよ。お願《ねが》いばかりだと、神様《かみさま》もこまっちゃうからね。「○○をかなえてくれてありがとうございます」といってから、願《ねが》いごとをしよう！

神様の前では
ぼうしは
ぬがないとね

「元旦《がんたん》」と「元日《がんじつ》」ってどうちがうの？

旦《たん》と日《ひ》の漢字《かんじ》は、横《よこ》ぼう一本《いっぽん》しかちがわないよね。ただの書《か》きわすれ？

いいところに気《き》づいたね！
「元日《がんじつ》」は、一年《いちねん》の始《はじ》めの日《ひ》、つまり1月1日《がつついたち》のこと。「元旦《がんたん》」というのは、もともとは「元日《がんじつ》」の朝《あさ》のことをいうんだ。
「旦《たん》」という字《じ》が、太《たい》陽《よう》が地平線《ちへいせん》から顔《かお》を出《だ》すようにみえるからだよ。

今年も
ヨロシク!!

お正月《しょうがつ》はお雑煮《ぞうに》を食《た》べるよね、どうして？

にょ〜ん

お雑煮《ぞうに》も、一年《いちねん》が幸《しあわ》せにすごせるようにと願《ねが》って食《た》べるものなんだ。その土地特有《とちとくゆう》の食材《しょくざい》やだしを使《つか》って作《つく》るから、各地《かくち》で味《あじ》がちがうんだね。

知《し》っておこう！

お雑煮《ぞうに》のちがい

お雑煮《ぞうに》は、代々《だいだい》その土地《とち》に伝《つた》わってきた郷土食《きょうどしょく》のひとつ。
もちは、関東《かんとう》では四角《しかく》、関西《かんさい》では丸《まる》の形《かたち》が一般的《いっぱんてき》だよ。

関東《かんとう》

かつおや昆布《こんぶ》だしを使《つか》ったしょうゆ味《あじ》
具《ぐ》は焼《や》いたもち・とり肉《にく》・小松菜《こまつな》・かまぼこなど

関西《かんさい》

昆布《こんぶ》だしに白《しろ》みそを使《つか》ったあまい味《あじ》
具《ぐ》は焼《や》かないもち・金時《きんとき》にんじん・大根《だいこん》など

どっちも食《た》べたいなー
お兄《にい》ちゃん、もち食《た》べすぎ〜

1月《がつ》1日《ついたち》

お正月《しょうがつ》

【年《とし》の始《はじ》めを祝《いわ》う日《ひ》 その②】

年賀状《ねんがじょう》は、相手《あいて》の幸《しあわ》せを願《ねが》うために送《おく》るんだよ。昔《むかし》の日本人《にほんじん》は、言葉《ことば》に魂《たましい》が宿《やど》っていると考《かんが》えていて、「おめでとう」と書《か》いて送《おく》ると、新《あたら》しい年《とし》が相手《あいて》にとって、おめでたいものになると信《しん》じていたからなんだね！

年賀状《ねんがじょう》の例《れい》

あけまして
おめでとうございます
昨年は同じクラスになれて
楽しかったです。
今年もどうぞ
よろしくお願いします。
いい一年になりますように。
◎◎◎◎年 元旦
3月の合唱コンクール、
がんばろうね！

変《か》わらず、いいおつきあいをしましょうという気持《きも》ち。

おたがいにとって、いい年《とし》になるようにといのる。

相手《あいて》に対《たい》してのひとことメッセージを書《か》こう。みんな同《おな》じ文章《ぶんしょう》だと味気《あじけ》ないからね。

「一月一日元旦《いちがつついたちがんたん》」と書《か》かないように！ 「一月一日《いちがつついたち》」と「元旦《がんたん》」は、同《おな》じ意味《いみ》の言葉《ことば》だからね。

賀詞《がし》(お祝《いわ》いの言葉《ことば》)

「謹賀新年《きんがしんねん》」「新年《しんねん》おめでとうございます」と書《か》くことも。「新年《しんねん》あけまして～」とは書《か》かないので注意《ちゅうい》！

日《ひ》ごろ仲《なか》よくしてもらっていることへのお礼《れい》

前《まえ》の年《とし》のことは「昨年《さくねん》」や「旧年《きゅうねん》」と書《か》く。「去年《きょねん》」の「去《きょ》」は、おめでたいときにはさけるよ。

年賀状《ねんがじょう》には、前《まえ》の年《とし》のお礼《れい》と、新《あたら》しい年《とし》もよろしくお願《ねが》いしますという、あいさつの意味《いみ》があるよ。いい年《とし》になりますようにという願《ねが》いをこめて書《か》くものだから、前向《まえむ》きな明《あか》るい言葉《ことば》を書《か》こう！

「去年《きょねん》は0点《てん》取《と》っちゃった」とかは、書《か》かない方《ほう》がいいね
お兄《にい》ちゃんは、今年《ことし》こそはがんばるぞ！って書《か》いたら！

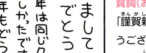

玄関《げんかん》や門《もん》の前《まえ》に松《まつ》と竹《たけ》がかざってあるけど、何《なん》のため？

お祝《いわ》いの花《はな》にしては、地味《じみ》なような……

これは「門松《かどまつ》」といって、歳神様《としがみさま》が空《そら》からおりてくるときの目印《めじるし》なんだよ。竹《たけ》はすくすくと成長《せいちょう》するし、松《まつ》は長寿《ちょうじゅ》の木《き》。縁起《えんぎ》がいいものを組《く》み合《あ》わせているんだ。

マンションだと、門松《かどまつ》だらけになっちゃう～

お正月《しょうがつ》に着《き》る着物《きもの》を「晴《は》れ着《ぎ》」っていうのは、どうして？

晴《は》れた日《ひ》に着《き》るから？

日本《にほん》では、昔《むかし》から普通《ふつう》の日《ひ》を「ケ」、お祭《まつ》りや行事《ぎょうじ》を行《おこな》う日《ひ》を「ハレ」というんだよ。「ハレ」の日《ひ》には、晴《は》れ着《ぎ》を着《き》たり、お赤飯《せきはん》を食《た》べたりしてお祝《いわ》いしたんだ。「ハレ」の日《ひ》に着《き》るから「晴《は》れ着《ぎ》」。「ハレ」と「ケ」があるから、メリハリのある生活《せいかつ》になるんだね。

知《し》っておこう！

お正月《しょうがつ》かざり

門松《かどまつ》のほかに「しめかざり」と「鏡《かがみ》もち」もあるよ。

しめかざり

家《いえ》の中《なか》にわざわいが入《はい》らないように、玄関《げんかん》のドアにかざる。かざり付《つ》けは、12月《がつ》20日《はつか》から28日《にち》の間《あいだ》にして、1月《がつ》7日《なのか》にはずす。29日《にち》は「9＝苦《く》」だからダメ、31日《にち》は「一夜《いちや》かざり」だからダメ。縁起《えんぎ》をかつぐのが大事《だいじ》。

鏡《かがみ》もち

昔《むかし》、もちは高級品《こうきゅうひん》だったから、お正月《しょうがつ》に神様《かみさま》への感謝《かんしゃ》の気持《きも》ちでそなえるようになったんだ。1月《がつ》11日《にち》には「鏡開《かがみびら》き」といって、鏡《かがみ》もちを食《た》べるんだよ。もちを「切《き》る」「割《わ》る」というのは縁起《えんぎ》がよくないから、「開《ひら》く」というんだね。

1月《がつ》7日《なのか》に、７種《しゅ》の菜《な》が入《はい》ったおすいものを食《た》べるという中国《ちゅうごく》の風習《ふうしゅう》と、日本《にほん》の平《へい》安時代《あんじだい》の、７種《しゅ》のかゆを食《た》べる宮中《きゅうちゅう》の儀式《ぎしき》が結《むす》びついてできた風習《ふうしゅう》といわれているよ。七草《ななくさ》がゆを食《た》べると、無病息災《むびょうそくさい》（病気《びょうき》をせず健康《けんこう》なこと）ですごせるんだ！

春《はる》の七草《ななくさ》

せり
いいかおりが特《とく》徴《ちょう》。なべ料理《りょうり》にも。

なずな
ペンペングサともいう。

ごぎょう
ハハコグサとよばれることも。

はこべら
ハコベのこと。道《みち》のわきでみたことあるかな？

ほとけのざ
春《はる》に、黄色《きいろ》の花《はな》がさく。

すずしろ
大根《だいこん》のこと。漢字《かんじ》で書《か》くと「清白《すずしろ》」。きれいだね。

すずな
カブのこと。カブはカブラともいうね。

葉《は》っぱって…
なんか、野原《のはら》に生《は》えてそうな
葉《は》っぱばっかりだなぁ！

1月《がつ》7日《なのか》

春《はる》の七《なな》草《くさ》

【七草《ななくさ》がゆを食《た》べる】

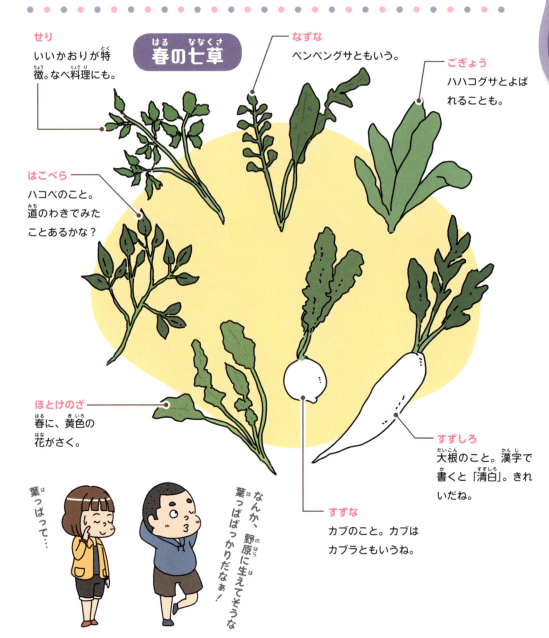

声《こえ》に出《だ》して覚《おぼ》えよう！

せり、なずな、ごぎょう、
はこべら、ほとけのざ、
すずな、すずしろ、
これぞ七草《ななくさ》！

歌《うた》うように、リズミカルに覚《おぼ》えるのがコツだよ！

妹《いもうと》より先《さき》に覚《おぼ》えるぞー！

あたしは、もう覚《おぼ》えてるけどね…

春《はる》の七草《ななくさ》はわかったけど、どうしておかゆを食《た》べるの？

野菜《やさい》いためとかじゃダメ？

お正月《しょうがつ》には、たくさんのごちそうを食《た》べるよね。ふだん食《た》べなれていないものを食《た》べると胃腸《いちょう》がつかれてしまうから、体《からだ》をいたわるためにおかゆを食《た》べるといわれているんだよ。

「春《はる》の七草《ななくさ》」っていうことは、夏《なつ》の七草《ななくさ》もあるの？

えーっと、夏《なつ》ならヒマワリの葉《は》っぱとか？
あ、食《た》べられないか…

うーん、おしい！　夏《なつ》の七草《ななくさ》ではなく、秋《あき》の七草《ななくさ》はあるよ。
秋《あき》の七草《ななくさ》を食《た》べるような食習慣《しょくしゅうかん》はないけど、季節《きせつ》の風情《ふぜい》を大切《たいせつ》にしてきたあかしだね。

秋《あき》の七草《ななくさ》は、きれいな花《はな》がさくのね！

秋《あき》の七草《ななくさ》

はぎ、ききょう、くず、ふじばかま、おみなえし、すすき、なでしこ

秋《あき》の七草《ななくさ》は、食《た》べずにみるだけか…

1月《がつ》第《だい》2月《げつ》曜《よう》日《び》

成《せい》人《じん》の日《ひ》

【二十歳《はたち》を祝《いわ》う日《ひ》】

二十歳《はたち》になると「成人《せいじん》」といって、大人《おとな》の仲間入《なかまい》りだ。「成人式《せいじんしき》」は、大人《おとな》になったことをお祝《いわ》いする行事《ぎょうじ》で、1948（昭和《しょうわ》23）年《ねん》に制定《せいてい》されたんだ。成人《せいじん》すると一人前《いちにんまえ》とみなされるから、大人《おとな》としての心《こころ》がまえを持《も》たないとね！

知《し》っておこう！

大人《おとな》への言葉《ことば》づかい

友《とも》だちに使《つか》う言葉《ことば》と、大人《おとな》に対《たい》して使《つか》う言葉《ことば》を、使《つか》い分《わ》けられるようになるといいね。
きちんとした言葉《ことば》を使《つか》うことは、大人《おとな》への第一歩《だいいっぽ》！

ごめんなさい→ 申《もう》し訳《わけ》ありません。
失礼《しつれい》しました。
おわびの言葉《ことば》もございません。

ありがとうございます→ 感謝《かんしゃ》を申《もう》し上《あ》げます。
お礼《れい》を申《もう》し上《あ》げます。

これはおわびのしるしでござる

なんか、武士《ぶし》みたいになってるけど…

成人《せいじん》になると、何《なに》が変《か》わるの？

大人《おとな》になると、なんかいいことあるのかなー

一人前《いちにんまえ》の大人《おとな》ということで、親《おや》の同意《どうい》がなくても結婚《けっこん》できるよ。あとは、裁判員裁判《さいばんいんさいばん》の、裁判員《さいばんいん》に選《えら》ばれる可能性《かのうせい》があるんだ。選挙権《せんきょけん》は、以前《いぜん》は20歳《はたち》からだったけど、今《いま》は18歳《さい》に引《ひ》き下《さ》げられているね。

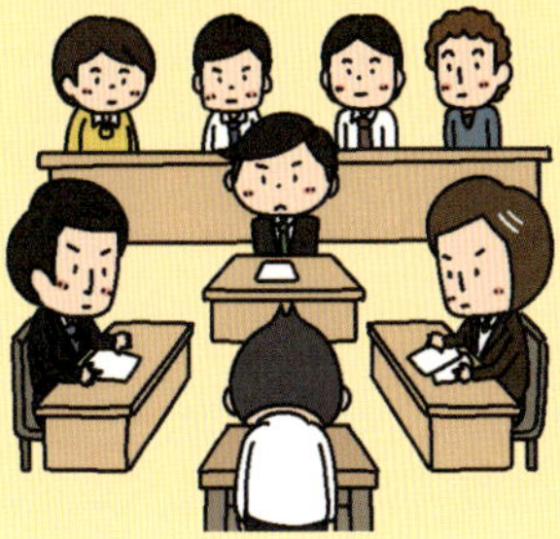

責任重大《せきにんじゅうだい》だね

ドキドキしちゃう

昔《むかし》からずっと、成人《せいじん》は20歳《はたち》からだったの？

ちょうどいい数字《すうじ》だから？

武士《ぶし》や貴族《きぞく》は、12～16歳《さい》くらいで「元服《げんぷく》」という儀式《ぎしき》をして、大人《おとな》の仲間入《なかまい》りをしていたんだよ。元服《げんぷく》とは、前髪《まえがみ》をそって、かんむりをかぶって大人《おとな》のすがたになること。天皇《てんのう》は、7～8歳《さい》で元服《げんぷく》したこともあったんだ。
昔《むかし》の人《ひと》は、早《はや》く大人《おとな》になっていたんだね。

ひぇ～
7歳《さい》で成人《せいじん》なんてむり！

よかったね、天皇《てんのう》じゃなくて

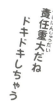

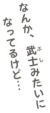

コラム

和風月名《わふうげつめい》

和風月名《わふうげつめい》とは、日本風《にほんふう》の月《つき》の名前《なまえ》。
なんだか風情《ふぜい》があっておもしろいね。味《あじ》わいがあるね。

一月《いちがつ》

睦月《むつき》

みんなで集《あつ》まって**むつぶ**
（仲《なか》よくする）月《つき》

そっか、お正月《しょうがつ》は
親《しん》せきとか友《とも》だちと
集《あつ》まったりするもんね！

二月《にがつ》

如月《きさらぎ》

衣更着《きさらぎ》する（衣《ころも》をさらに着《き》る）月《つき》

着《き》ぶくれしちゃうよ〜

三月《さんがつ》

弥生《やよい》

木《き》や草《くさ》が**弥《いよいよ》生《お》**いしげる月《つき》

四月《しがつ》

卯月《うづき》

卯《う》の花《はな》（うつぎの花《はな》）がさく月《つき》

五月《ごがつ》

皐月《さつき》

早《さ》苗《なえ》を植《う》える**月《つき》**
（早月《さつき》ともかくよ）

五月《ごがつ》は田植《たう》えの月《つき》！
おいしいお米《こめ》が
とれますように！

六月《ろくがつ》

水《み》無《な》月《づき》

田《た》んぼに水《みず》を引《ひ》く月《つき》

水《みず》が「無《な》い」じゃないんだ！
六月《ろくがつ》は梅雨《つゆ》だしね

七月《しちがつ》

文《ふみ》月《づき》

イネの穂《ほ》がふくらむ月《つき》
(「ふづき」ともいうよ)

八月《はちがつ》

葉《は》月《づき》

木《き》々《ぎ》の葉《は》が落《お》ちる月《つき》

九月《くがつ》

長《なが》月《つき》

夜《よ》長《なが》の月《つき》

「秋《あき》の夜長《よなが》」は何《なに》しようかなぁ
やっぱりテレビかなぁ
あ、お母《かあ》さんにおこられる!!

十月《じゅうがつ》

神《かん》無《な》月《づき》

神《かみ》々《がみ》が出雲大社《いずもたいしゃ》に集《あつ》まる月《つき》
(出雲《いずも》では神在月《かみありづき》というよ)

十一月《じゅういちがつ》

霜《しも》月《つき》

霜《しも》がおりる月《つき》

十二月《じゅうにがつ》

師《し》走《わす》

師《し》匠《しょう》も走《はし》りまわる月《つき》

えらい先生《せんせい》たちも
走《はし》り回《まわ》るくらい、
年《とし》こしは
いそがしいってことね！

2月《がつ》3日《みっか》

節分《せつぶん》

【豆《まめ》まきをする】

季節《きせつ》の変《か》わり目《め》には邪気《じゃき》が生《しょう》じるといわれていたから、それを追《お》いはらう意味《いみ》で、「鬼《おに》は外《そと》、福《ふく》は内《うち》！」といいながら豆《まめ》まきをするんだ。まき終《お》わったら、自分《じぶん》の年《とし》にひとつ加《くわ》えた数《かず》の豆《まめ》を食《た》べるんだよ。

昔《むかし》、日本《にほん》で疫病《えきびょう》がはやり、人《ひと》がたくさん死《し》んだ
中国《ちゅうごく》には大《おお》みそかに鬼《おに》を豆《まめ》で追《お》いはらう「追儺《ついな》」という儀式《ぎしき》があった
追儺《ついな》が日本《にほん》に伝《つた》わり、豆《まめ》まきが始《はじ》まったそうじゃ
へー そうなんだー
昔話
それが今《いま》は全国各地《ぜんこくかくち》で行《おこな》われてるんだね
鬼はーそと!!
いたっ! いたッ!

大豆《だいず》には、悪《わる》いものを遠《とお》ざける力《ちから》があると信《しん》じられていたんだよ！

豆《まめ》で退治《たいじ》できるなんて、鬼《おに》もたいしたことないなあ…
でも、けっこういたそうだよ…
ポリポリ

節分《せつぶん》に食《た》べる太巻《ふとま》きは、どうして恵方巻《えほうま》きっていうの？

太巻《ふとま》きもいいけど、本当《ほんとう》はネギトロ巻《ま》きがいいなあ

その年《とし》の、縁起《えんぎ》のいい方角《ほうがく》を「恵方《えほう》」というんだよ。恵方《えほう》を向《む》いて、心《こころ》の中《なか》で願《ねが》いごとをいいながら無言《むごん》で食《た》べると、願《ねが》いがかなうといわれているんだ。
もともとは関西《かんさい》の風習《ふうしゅう》だったんだけど、今《いま》では全国《ぜんこく》に広《ひろ》まっているね。

毎月遠足《まいつきえんそく》がありますように…
もが もが
かくしておいた0点《てん》のテストがみつかりませんように
おいしそう…

玄関《げんかん》に葉《は》っぱと魚《さかな》の頭《あたま》がかざってあるけど、あれは何《なん》のため？

なんか、ちょっとヘンなにおいがするよー

それは「やいかがし」といって、ヒイラギの葉《は》っぱにイワシの頭《あたま》をさしたものなんだ。
ヒイラギのトゲはいたいし、イワシの頭《あたま》はくさいから、鬼《おに》がよりつかなくなるんだよ。

そー

やいかがしはぼくでもいやだよ「鬼《おに》は来《こ》ないでください」っていう、はり紙《がみ》にすれば？

鬼《おに》は字《じ》を読《よ》めないかもしれないでしょ

2月《がつ》11日《にち》

建《けん》国《こく》記《き》念《ねん》の日《ひ》

【日本《にほん》の誕生《たんじょう》を記念《きねん》する日《ひ》】

みんなが赤《あか》ちゃんとして誕生《たんじょう》したように、日本《にほん》の国《くに》も誕生《たんじょう》したんだよ。それを記念《きねん》したのが「建国記念の日《けんこくきねんのひ》」で、1966（昭和《しょうわ》41）年《ねん》に制定《せいてい》されたよ。国《くに》の誕生《たんじょう》をお祝《いわ》いするために、祝日《しゅくじつ》になったんだね。

もっとも古《ふる》い
歴史書《れきししょ》
『日本書紀《にほんしょき》』に
よると
この日《ひ》…
日本書紀
初代天皇《しょだいてんのう》
神武天皇《じんむてんのう》が即位《そくい》
これが後《のち》に祝日《しゅくじつ》に
今日は休み！
即位した日
＝
紀元節
しかし戦後《せんご》
いったん廃止《はいし》に…
せっかく休みに…
その後《ご》
1966（昭和《しょうわ》41）年《ねん》
建国記念《けんこくきねん》の日《ひ》として
祝日《しゅくじつ》に復活《ふっかつ》
＼復活!!／
イエイ！
建国
記念の日

2月《がつ》11日《にち》は何《なん》の日《ひ》？と聞《き》かれたら、しっかり答《こた》えられるようにしよう！

建国記念《けんこくきねん》の日《ひ》かぁ
ただの祝日《しゅくじつ》だと思《おも》ってた！
自分《じぶん》の住《す》んでいる国《くに》でも、
知《し》らないことが
たくさんあるね

知《し》っておこう！

日本《にほん》の良《よ》さ、日本人《にほんじん》の良《よ》さ

これからの時代《じだい》は、海外《かいがい》の人《ひと》たちとたくさん交流《こうりゅう》するようになるよ。海外《かいがい》のことを知《し》るのと同時《どうじ》に、日本《にほん》の良《よ》さも知《し》って、しっかり伝《つた》えられるようになろう。

敬語《けいご》をきちんと使《つか》い分《わ》ける

日本語《にほんご》には、尊敬語《そんけいご》・謙譲語《けんじょうご》・丁寧語《ていねいご》という３つの敬語《けいご》がある。尊敬語《そんけいご》は相手《あいて》をうやまう言葉《ことば》。謙譲語《けんじょうご》は自分《じぶん》をひかえめにいう言葉《ことば》。相手《あいて》によって言葉《ことば》を使《つか》い分《わ》けるのは、日本人《にほんじん》の心《こころ》づかいだよ。

四季《しき》を文化《ぶんか》にしてきた日本人《にほんじん》

ふく風《かぜ》があたたかく感《かん》じられたり、空気《くうき》がひんやりと感《かん》じられたりすることで、季節《きせつ》のうつり変《か》わりに気《き》づくよね。昔《むかし》から日本人《にほんじん》は春《はる》・夏《なつ》・秋《あき》・冬《ふゆ》の季節《きせつ》を敏感《びんかん》に感《かん》じ、和歌《わか》や俳句《はいく》、絵画《かいが》などの芸術《げいじゅつ》を生《う》み出《だ》してきたんだよ。

昔《むかし》の人《ひと》の知恵《ちえ》を受《う》け継《つ》いでいる

日本人《にほんじん》は、ご先祖《せんぞ》さまや先人《せんじん》を重《おも》んじるんだ。昔《むかし》は昔《むかし》、今《いま》は今《いま》ではなく、昔《むかし》の人《ひと》の知恵《ちえ》を今《いま》も大切《たいせつ》に生《い》かしているよ。食料《しょくりょう》を塩《しお》やみそにつけたり、天日干《てんぴぼ》ししたりして長持《ながも》ちさせるのは、冷蔵庫《れいぞうこ》がなかった時代《じだい》の知恵《ちえ》だね。

昔《むかし》の人《ひと》はいろんなことを考《かんが》えたんだね

今《いま》みたいに便利《べんり》じゃない分《ぶん》、知恵《ちえ》を働《はたら》かせたのねすごい！

3月《がつ》3日《みっか》

桃《もも》の節句《せっく》

【女《おんな》の子《こ》の成長《せいちょう》を祝《いわ》う】

女《おんな》の子《こ》が元気《げんき》に育《そだ》ちますようにと願《ねが》うお祭《まつ》り。桃《もも》の花《はな》は、悪魔《あくま》を追《お》いはらってくれる神様《かみさま》とされていたんだ。昔《むかし》は人形《にんぎょう》を川《かわ》に流《なが》していたんだけど、時代《じだい》が変《か》わるにつれて、かざるものになっていったんだよ。

ひな段《だん》かざり

◆1段目《だんめ》　内裏《だいり》びな

天皇《てんのう》・皇后《こうごう》に似《に》せた人形《にんぎょう》。男《お》びな・女《め》びな。

◆2段目《だんめ》　三人官女《さんにんかんじょ》

内裏様《だいりさま》のお世話《せわ》をする侍女《じじょ》。歌《うた》をよんだり楽器《がっき》をかなでたり、お作法《さほう》を教《おし》えたりする人《ひと》たち。

◆3段目《だんめ》　五人《ごにん》ばやし

笛《ふえ》や太鼓《たいこ》で音楽《おんがく》を演奏《えんそう》する楽団《がくだん》。

◆4段目《だんめ》　随臣《ずいじん》

向《む》かって右《みぎ》が左大臣《さだいじん》、左《ひだり》が右大臣《うだいじん》。左大臣《さだいじん》の方《ほう》がベテラン、右《う》大臣《だいじん》は若手《わかて》。

◆5段目《だんめ》　三仕丁《さんしちょう》

雑用《ざつよう》をする人《ひと》たち。泣《な》き上戸《じょうご》、笑《わら》い上《じょう》戸《ご》、おこり上戸《じょうご》と、感情豊《かんじょうゆた》かな三人組《さんにんぐみ》。

◆6、7段目《だんめ》

食器《しょっき》やたんす、かごや御所車《ごしょぐるま》をならべるよ。

関東《かんとう》では男《お》びなは向《む》かって左《ひだり》、関西《かんさい》では右《みぎ》にいるよ！

こんなにたくさんいるんだったら、ひとりくらいさぼってもわかんないねー
さぼるような人《ひと》は、いないわよ

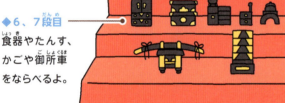

歌《うた》ってみよう！

「うれしい ひな祭《まつ》り」　詞《し》 サトウハチロー

(1)　あかりをつけましょ　ぼんぼりに
お花《はな》をあげましょ　桃《もも》の花《はな》
五人《ごにん》ばやしの　笛太鼓《ふえたいこ》
3段目《だんめ》の五人《ごにん》のことだね
今日《きょう》はたのしい　ひな祭《まつ》り

(2)　お内裏様《だいりさま》とおひな様《さま》
二人《ふたり》ならんで　すまし顔《がお》
お嫁《よめ》にいらした　ねえさまに
よく似《に》た官女《かんじょ》の　白《しろ》い顔《かお》
三人官女《さんにんかんじょ》はお姉《ねえ》さんのような
人《ひと》たちなんだね。

(3)　金《きん》のびょうぶに　うつる灯《ひ》を
かすかにゆする　春《はる》の風《かぜ》
すこし白酒《しろざけ》めされたか
赤《あか》いお顔《かお》の　右大臣《うだいじん》
右大臣《うだいじん》、左大臣《さだいじん》の間《あいだ》にはお酒《さけ》があるよね。
飲《の》んじゃったのかな？

(4)　着物《きもの》をきかえて　帯《おび》しめて
今日《きょう》はわたしも　はれすがた
春《はる》のやよいの　このよき日《ひ》
「やよい」とは三月《さんがつ》のこと。
なによりうれしい　ひな祭《まつ》り

歌詞《かし》は「五七五《ごしちご》」でできているよ。覚《おぼ》えやすいリズムだね。

ひしもちは、どうして3色《しょく》なの？

赤《あか》・青《あお》・黄色《きいろ》だったら信号《しんごう》だ!!

一番上《いちばんうえ》が桃色《ももいろ》、真《ま》ん中《なか》が白《しろ》、一番下《いちばんした》が緑《みどり》という順番《じゅんばん》が決《き》まっているんだ。これはそれぞれ、魔《ま》よけ、清浄《せいじょう》、健康《けんこう》という意味《いみ》があるんだよ。

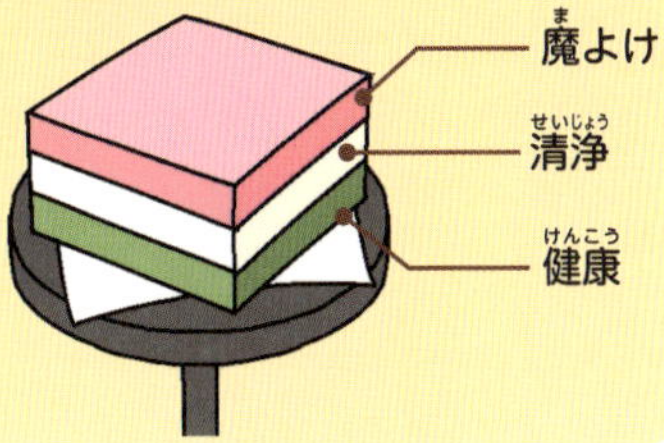

テレビで芸人《げいにん》さんたちが「ひな壇芸人《だんげいにん》」っていってるのは、おひな様《さま》の「ひな壇《だん》」のことかな？

全員《ぜんいん》、五人《ごにん》ばやしみたいににぎやかだけど(笑)

よく気《き》づいたね！
階段状《かいだんじょう》のいすにすわっているから、「ひな壇《だん》」っていうんだね。

おひな様《さま》は身分《みぶん》の高《たか》い人《ひと》が一番上《いちばんうえ》だけど、芸人《げいにん》さんは一番下《いちばんした》が売《う》れてる人《ひと》？

おぉっ、なかなかするどい！

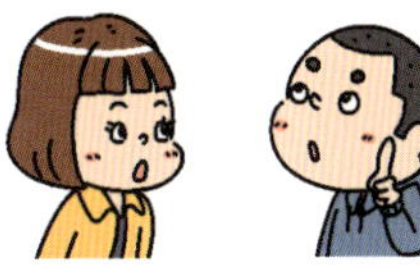

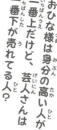

3月《がつ》21日《にち》ごろ

春分《しゅんぶん》の日《ひ》

【生《い》き物《もの》を大切《たいせつ》にする日《ひ》】

1948（昭和《しょうわ》23）年《ねん》に、「自然《しぜん》をたたえ生物《せいぶつ》をいつくしむ日《ひ》」として祝日《しゅくじつ》になったよ。春分《しゅんぶん》とは季節《きせつ》の節目《ふしめ》をあらわす二十四節気《にじゅうしせっき》のひとつで、昼《ひる》と夜《よる》の時間《じかん》が同《おな》じになること。地球《ちきゅう》の自転《じてん》（地軸《ちじく》を中心《ちゅうしん》に回転《かいてん》すること）と関係《かんけい》があるんだね。

春分《しゅんぶん》の日《ひ》は、春《はる》のお彼岸《ひがん》の中日《ちゅうにち》（まんなかの日《ひ》）でもあるよ。
お彼岸《ひがん》については24ページを読《よ》んでね！

季節《きせつ》による昼《ひる》と夜《よる》の時間《じかん》の変化《へんか》

夜《よる》
昼《ひる》
春分《しゅんぶん》の日《ひ》は、
昼《ひる》と夜《よる》の長《なが》さが同《おな》じ！
12月《がつ》22日《にち》ごろ
冬至《とうじ》
9月《がつ》23日《にち》ごろ
秋分《しゅうぶん》の日《ひ》
6月《がつ》21日《にち》ごろ
夏至《げし》
3月《がつ》21日《にち》ごろ
春分《しゅんぶん》の日《ひ》

昼《ひる》は太陽《たいよう》がのぼっている
時間《じかん》のことだから、
朝《あさ》だってあるわよ!!

昼《ひる》と夜《よる》の長《なが》さが
同《おな》じってことは、
朝《あさ》はなくなるの？

二十四節気《にじゅうしせっき》

3月《がつ》中旬《ちゅうじゅん》

春《はる》のお彼岸《ひがん》

【ご先祖《せんぞ》さまの供養《くよう》をする】

春《はる》のお彼岸《ひがん》は、春分《しゅんぶん》の日《ひ》をはさんで前後《ぜんご》３日《みっか》ずつ計7日間《けいなのかかん》のことなんだ。この間《あいだ》に、亡《な》くなったご先祖《せんぞ》さまのお墓参《はかまい》りをするんだよ。みんなが毎日元気《まいにちげんき》にくらしているのは、ご先祖《せんぞ》さまが守《まも》ってくれるからなんだね。感謝《かんしゃ》をしよう！

お墓参《はかまい》りの手順《てじゅん》

STEP1

そうじ

墓石《ぼせき》をみがいたり、まわりの雑草《ざっそう》をぬいたりして、ご先祖《せんぞ》さまが気《き》持《も》ちよくねむれるようにする。

STEP2

花《はな》を供《そな》える

代表的《だいひょうてき》なのは菊《きく》。でも、ご先祖《せんぞ》さまの好《す》きなお花《はな》をあげるのもいいね。

STEP3

お線香《せんこう》をあげ、水《みず》をかける

お線香《せんこう》をあげて、きれいになった墓《ぼ》石《せき》に水《みず》をかけたら、手《て》をあわせて頭《あたま》を下《さ》げ、ご先祖《せんぞ》さまに感謝《かんしゃ》しよう。

ご先祖《せんぞ》さまって、何人《なんにん》いるんだろう？
数《かぞ》えきれないわよ……

ご先祖《せんぞ》さまを大切《たいせつ》にすると、家族《かぞく》を大事《だいじ》にする気《き》持《も》ちが生《う》まれるね。

どうして「お彼岸《ひがん》」っていうの？

「彼岸《ひがん》」っていうのは「むこう岸《ぎし》」という意味《いみ》。仏教《ぶっきょう》で、亡《な》くなったあとに行《い》く極楽浄土《ごくらくじょうど》を表《あらわ》しているんだ。亡《な》くなった人《ひと》は、「三途《さんず》の川《かわ》」をこえてむこう岸《ぎし》に行《い》くといわれている。生《い》きている人《ひと》たちがいるのはこちらの岸《きし》で、「彼《ひ》岸《がん》」に対《たい》して「此岸《しがん》」っていうんだよ。

なんとなくボクと顔がにてる気がするけど誰かな？
ひいおじいちゃんとひいおばあちゃんでしょ！

ゆっくり食べなよ誰もとらないから
ガツガツ

お彼岸《ひがん》に食《た》べるものってある？

特別《とくべつ》においしいもの食《た》べるとか、ないかなー

春《はる》のお彼岸《ひがん》には、もち米《ごめ》とお米《こめ》をあわせてたいたご飯《はん》をまるめて、あずきのあんでくるんだ「ぼたもち」を食《た》べるよ。春《はる》はぼたんの季節《きせつ》だから「ぼたもち」、秋《あき》のお彼岸《ひがん》のときは、はぎの花《はな》がさくので「おはぎ」。名前《なまえ》はちがうけれど、同《おな》じものなんだ！

あずきは、悪《わる》いものを追《お》いはらうっていわれてるのよ！
ボクはたくさん食《た》べたから大丈夫《だいじょうぶ》！
でもぐるじい〜

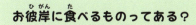

4月《がつ》上旬《じょうじゅん》

お花見《はなみ》

【桜《さくら》をめでる】

お花見《はなみ》は、春《はる》のおとずれを祝《いわ》う一大《いちだい》イベント。桜《さくら》は２週間《しゅうかん》ほどで花《はな》が散《ち》ってしまうので、その間《あいだ》に桜《さくら》を見《み》て楽《たの》しもうという気持《きも》ちなんだね。桜《さくら》の「はかなさ」（=長《なが》続《つづ》きしないこと）に日本人《にほんじん》は心《こころ》をよせているんだ。

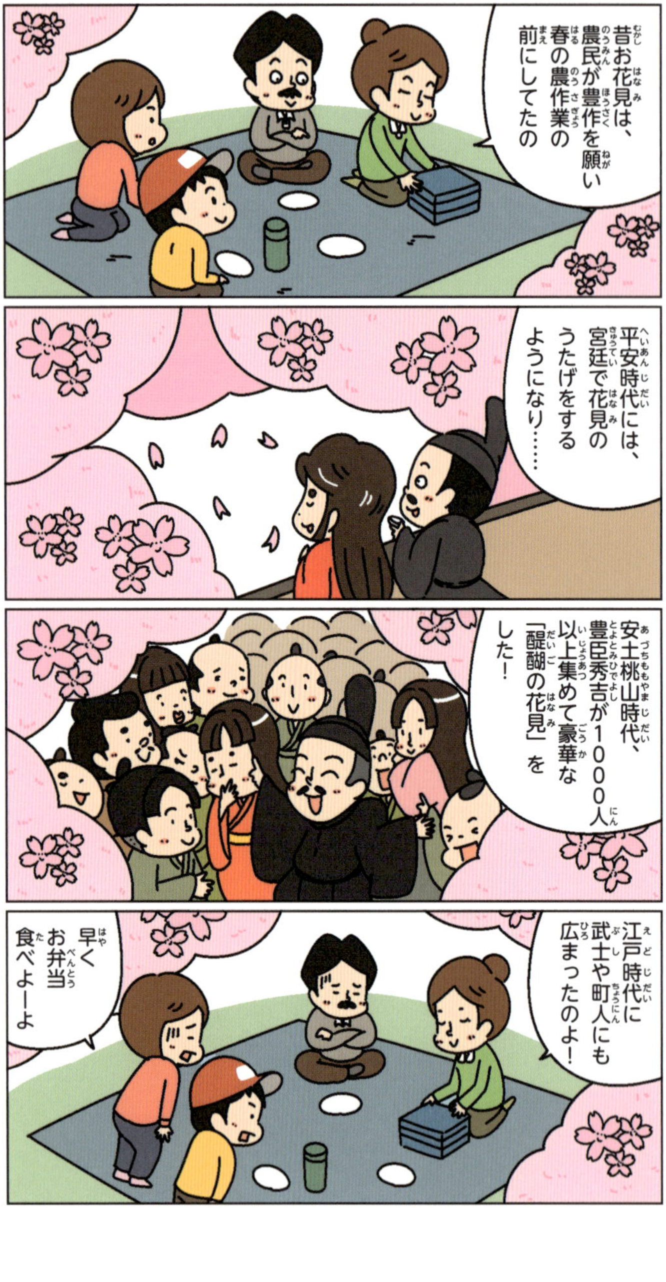
昔《むかし》お花見《はなみ》は、農民《のうみん》が豊作《ほうさく》を願《ねが》い春《はる》の農作業《のうさぎょう》の前《まえ》にしてたの
平安時代《へいあんじだい》には、宮廷《きゅうてい》で花見《はなみ》のうたげをするようになり……
安土桃山時代《あづちももやまじだい》、豊臣秀吉《とよとみひでよし》が1000人《にん》以上《いじょう》集《あつ》めて豪華《ごうか》な「醍醐《だいご》の花見《はなみ》」をした！
江戸時代《えどじだい》に武士《ぶし》や町人《ちょうにん》にも広《ひろ》まったのよ！
早《はや》くお弁当《べんとう》食《た》べよーよ

もともとは貴族《きぞく》が行《おこな》っていたものが、庶民《しょみん》にも広《ひろ》まって行《い》ったんだよ。

桜《さくら》って、そんなにおめでたいかなー？
日本《にほん》を代表《だいひょう》する植物《しょくぶつ》だし短《みじか》い間《あいだ》しかさかないから、日本人《にほんじん》にとっては大切《たいせつ》なの！

覚《おぼ》えておこう!

桜《さくら》の和歌《わか》

和歌《わか》には、桜《さくら》をモチーフにしたものがたくさんあるよ。桜《さくら》の和歌《わか》には、日本人《にほんじん》の心《こころ》が歌《うた》われているよ。

ひさかたの　光《ひかり》のどけき
春《はる》の日《ひ》に
しづ心《こころ》なく　花《はな》の散《ち》るらむ《ん》

紀友則《きのとものり》『百人一首《ひゃくにんいっしゅ》』

「こんなにおだやかな陽《ひ》の光《ひかり》がさす春《はる》の日《ひ》なのに、なぜ桜《さくら》はあわただしく散《ち》ってしまうのだろう」という意味《いみ》。桜《さくら》が散《ち》ることをなげきながら、この世《よ》に変《か》わらないものは何《なに》ひとつなく、すべてがうつり変《か》わっていくはかなさ＝「無常感《むじょうかん》」を歌《うた》っているんだよ。

世《よ》の中《なか》に　たえて桜《さくら》の
なかりせば
春《はる》の心《こころ》は　のどけからまし

在原業平《ありわらのなりひら》『古今和歌集《こきんわかしゅう》』

「この世《よ》の中《なか》に桜《さくら》がなかったならば、春《はる》をのどかな気持《きも》ちですごせただろうに」という意味《いみ》。「桜《さくら》がなかったらよかったのに」という意味《いみ》ではなく、「桜《さくら》があるからこんなにも心《こころ》が落《お》ち着《つ》かない、それだけ桜《さくら》はすばらしい花《はな》だ」といってるんだ。

願《ねが》は《わ》くは　花《はな》の下《した》《もと》にて
春《はる》死《し》なん
そのきさらぎの　望月《もちづき》のころ

西行法師《さいぎょうほうし》『山家集《さんかしゅう》』

「願《ねが》うことには、桜《さくら》の花《はな》の下《した》で春《はる》に死《し》にたい。2月《がつ》15日《にち》のお釈迦様《しゃかさま》の命日《めいにち》に」という意味《いみ》。2月《がつ》15日《にち》は旧暦《きゅうれき》で、今《いま》だと3月末《がつまつ》のことだよ。桜《さくら》がとても大切《たいせつ》な花《はな》だったことがわかるね。西行《さいぎょう》は願《ねが》った通《とお》り、旧暦《きゅうれき》の2月《がつ》16日《にち》に亡《な》くなったんだ。

いにしへ《え》の　奈良《なら》の都《みやこ》の
八《や》重《え》桜《ざくら》
今日《きょう》九《ここの》重《え》に　にほ《お》ひ《い》ぬるかな

伊勢大輔《いせのたいふ》『百人一首《ひゃくにんいっしゅ》』

「昔栄《むかしさか》えていた奈良《なら》の都《みやこ》の八重桜《やえざくら》が、今《いま》は宮《きゅう》中《ちゅう》で美《うつく》しくさいています」という意味《いみ》。「九《ここの》重《え》」は宮中《きゅうちゅう》のこと。その場《ば》の感《かん》じで作《つく》った和歌《わか》なのに「いにしへ（昔《むかし》）」と「今日《きょう》（今《いま》）」、「八《や》重《え》」と「九重《ここのえ》」という技巧《ぎこう》（表現上《ひょうげんじょう》の工《く》夫《ふう》）を使《つか》ったすばらしい歌《うた》だね!

もっと和歌《わか》の世界《せかい》にひたってよ!

桜《さくら》もち、桜《さくら》まんじゅう、桜茶《さくらちゃ》、桜《さくら》シフォンケーキ……

4月《がつ》29日《にち》

昭和《しょうわ》の日《ひ》

【昭和《しょうわ》の時代《じだい》を思《おも》う日《ひ》】

4月《がつ》29日《にち》は、昭和天皇《しょうわてんのう》の誕生日《たんじょうび》。平成《へいせい》の時代《じだい》になってから「みどりの日《ひ》」となって、今《いま》では「昭和《しょうわ》の日《ひ》」になっているよ。昭和《しょうわ》は、戦争《せんそう》によってたくさんの人《ひと》が亡《な》くなり、傷《きず》ついた人《ひと》も多《おお》くいたんだ。でも、そこから立《た》ち直《なお》り、経済的《けいざいてき》にも発展《はってん》を遂《と》げた時代《じだい》なんだよ。

昭和時代《しょうわじだい》
4月《がつ》29日《にち》は天皇誕生日《てんのうたんじょうび》だった
4月
29
天皇誕生日
1989年《ねん》
平成
昭和天皇《しょうわてんのう》が亡《な》くなり時代《じだい》は昭和《しょうわ》から平成《へいせい》に
4月《がつ》29日《にち》はみどりの日《ひ》に。さらにその後《ご》みどりの日《ひ》は5月《がつ》4日《よっか》に移動《いどう》
4月
5月
4
みどりの日
そして4月《がつ》29日《にち》は昭和《しょうわ》の日《ひ》に
4月
29
昭和の日

ちょうど新緑《しんりょく》の季節《きせつ》だから、「みどりの日《ひ》」にしたんだね。
じゃあ、春《はる》には「ピンクの日《ひ》」冬《ふゆ》には「白《しろ》の日《ひ》」とかあるの？
カレンダーで探《さが》してみたら…
カレンダー

知《し》っておこう！

昭和《しょうわ》の時代《じだい》

昭和《しょうわ》は、戦争《せんそう》や普通選挙《ふつうせんきょ》の実施《じっし》、沖縄返還《おきなわへんかん》や高度経済成長《こうどけいざいせいちょう》、東京《とうきょう》オリンピックと札幌《さっぽろ》オリンピック、オイルショックやバブル景気《けいき》など、さまざまなできごとが起《お》こる山《やま》あり谷《たに》ありの時代《じだい》だった。
昭和《しょうわ》をよく知《し》っている人《ひと》に、話《はなし》を聞《き》いてみよう。課題学習《かだいがくしゅう》のヒントになるかも……。歴史《れきし》から学《まな》べることは多《おお》いよ！

昭和《しょうわ》にできたものには、どんなものがあるの？

ぼくは平成《へいせい》生《う》まれだけどねー

東京《とうきょう》タワーや東京《とうきょう》ディズニーランド、新幹線《しんかんせん》や高速道路《こうそくどうろ》も昭和《しょうわ》にできたんだよ。あと、テレビの放送《ほうそう》が始《はじ》まったのも昭和《しょうわ》。テレビに出《で》た女優《じょゆう》の第一号《だいいちごう》は、黒柳徹子《くろやなぎてつこ》さんだよ！

ぼくたちの生活《せいかつ》になくてはならないものが、たくさんできたんだね！

それにしても、黒柳徹子《くろやなぎてつこ》さんってすごい！

「昭和《しょうわ》」とか「平成《へいせい》」っていつ変《か》わるの？

「そろそろ変《か》えよっかなー」みたいなとき？

「昭和《しょうわ》」や「平成《へいせい》」のことは「元号《げんごう》」というよ。これは、その年代《ねんだい》の称号《しょうごう》みたいなものだね。日本《にほん》で最初《さいしょ》の元号《げんごう》は「大化《たいか》」だよ。元号《げんごう》が変《か》わるのは、皇位継承《こういけいしょう》のタイミング、つまり天皇《てんのう》が変《か》わるときだね。

「大化《たいか》の改新《かいしん》」って聞《き》いたことある！

中大兄皇子《なかのおおえのおうじ》と中臣鎌足《なかとみのかまたり》の政治改革《せいじかいかく》ね！

5月《がつ》3日《みっか》

憲法《けんぽう》記念日《きねんび》

【日本国憲法施行《にほんこくけんぽうしこう》の日《ひ》】

5月3日《がつみっか》は3連休《れんきゅう》の最初《さいしょ》の日《ひ》！　なんて思《おも》ってないかな。この日《ひ》は日本国憲法《にほんこくけんぽう》の誕生《たんじょう》を記念《きねん》した祝日《しゅくじつ》なんだよ！　憲法《けんぽう》は、国民《こくみん》の権利《けんり》と義務《ぎむ》を規定《きてい》したもので、国民《こくみん》の間《あいだ》の約束《やくそく》ごとだよ。どんなものか知《し》っておかなくてはならないね。

憲法
憲法《けんぽう》が成立《せいりつ》しました

今日《きょう》から憲法《けんぽう》が実施《じっし》されます

5月
3日
記念日《きねんび》だよ

憲法記念日《けんぽうきねんび》の成《な》り立《た》ち

1946(昭和《しょうわ》21)年《ねん》　11月3日《がつみっか》
日本国憲法公布《にほんこくけんぽうこうふ》

↓

1947(昭和《しょうわ》22)年《ねん》　5月3日《がつみっか》
日本国憲法施行《にほんこくけんぽうしこう》

「公布《こうふ》」は成立《せいりつ》した法令《ほうれい》を国民《こくみん》に知《し》らせること、
「施行《しこう》」は法令《ほうれい》の効力《こうりょく》が発生《はっせい》することだよ！

法令《ほうれい》は、「公布《こうふ》→施行《しこう》」
という流《なが》れがあること
を覚《おぼ》えておこう！

公布《こうふ》から施行《しこう》までは半年《はんとし》あるんだね。
国《くに》の決《き》めごとだから、いろいろと手続《てつづ》きがあるのよ。

覚《おぼ》えておこう！

憲法《けんぽう》がある意味《いみ》

なぜ日本《にほん》には憲法《けんぽう》があるのか、なぜ憲法《けんぽう》を守《まも》らなくてはならないのかを知《し》るためには、その「意味《いみ》」を知《し》っておくことが必要《ひつよう》だよ。

憲法《けんぽう》は日本人《にほんじん》の「味方《みかた》」！

「こうしてはいけない」「こうしないといけない」とわたしたちをしばるものではなく、だれもが幸《しあわ》せに自由《じゆう》に生《い》きることを保障《ほしょう》してくれる「味方《みかた》」なんだよ！

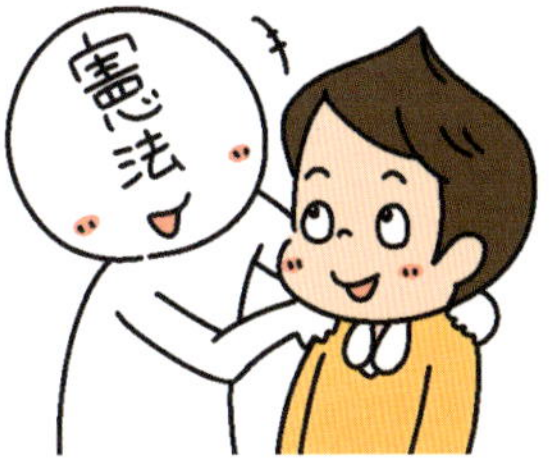

憲法

「自由《じゆう》と権利《けんり》」は勝《か》ち取《と》ったもの！

憲法《けんぽう》に書《か》かれている自由《じゆう》と権利《けんり》は、もとからあったものではなく、昔《むかし》の人《ひと》たちが歴史的《れきしてき》に勝《か》ち取《と》ってきたもの。だから大切《たいせつ》にしなくてはならないんだ。

自由
権利

自分《じぶん》も大事《だいじ》に、人《ひと》も大事《だいじ》に

憲法《けんぽう》の中《なか》の「公共《こうきょう》の福祉《ふくし》」という言葉《ことば》は、「みんなのため」という意味《いみ》。もちろん「みんな」の中《なか》には「自分《じぶん》」も入《はい》る。公共《こうきょう》の福祉《ふくし》は日本人《にほんじん》の美徳《びとく》なんだ！

戦争《せんそう》はしない！

第九条《だいきゅうじょう》には、「戦争《せんそう》」「武力《ぶりょく》による威嚇《いかく》」「武力《ぶりょく》の行使《こうし》」を永久《えいきゅう》にしないと書《か》かれているんだ。平和《へいわ》が大事《だいじ》！

戦争《せんそう》のすべてを放棄《ほうき》する

戦争《せんそう》
武力《ぶりょく》による威嚇《いかく》
武力《ぶりょく》の行使《こうし》

憲法《けんぽう》は取《と》りしまるものじゃなくて、守《まも》ってくれるものなんだ！
自由《じゆう》と権利《けんり》って大事《だいじ》だもんね。

コラム

日本国憲法《にほんこくけんぽう》の3つのポイント

日本国憲法《にほんこくけんぽう》には、3つの大《おお》きなポイントがあるよ。この3つを知《し》っておくと、どうして憲法《けんぽう》が大切《たいせつ》なものなのかがわかるね！

国民主権《こくみんしゅけん》！

えらい人《ひと》かそうでないかではなく、国民《こくみん》が一番大事《いちばんだいじ》！

基本的人権《きほんてきじんけん》の尊重《そんちょう》！

権力《けんりょく》をもった独裁者《どくさいしゃ》に、勝手《かって》に罰《ばっ》せられたりしない！

平和主義《へいわしゅぎ》！

人《ひと》のじゃまをしないなら、自由《じゆう》にしていい！そしてだれも差別《さべつ》されない！

これが、憲法《けんぽう》の土台《どだい》ってことだね

憲法《けんぽう》は、わたしたちが守《まも》るべきものであり、わたしたちを守《まも》ってくれるものでもあるのね

日本国憲法《にほんこくけんぽう》　前文《ぜんぶん》（原文《げんぶん》）

憲法《けんぽう》がある意味《いみ》や、憲法《けんぽう》の3つのポイントなどをまとめて宣言《せんげん》しているよ。

日本国民《にほんこくみん》は、正当《せいとう》に選挙《せんきょ》された国会《こっかい》における代《だい》表者《ひょうしゃ》を通《つう》じて行動《こうどう》し、われらとわれらの子孫《しそん》のために、諸国民《しょこくみん》との協和《きょうわ》による成果《せいか》と、わが国《くに》全土《ぜんど》にわたつ《っ》て自由《じゆう》のもたらす恵沢《けいたく》を確保《かくほ》し、政府《せいふ》の行為《こうい》によつ《っ》て再《ふた》び戦争《せんそう》の惨禍《さんか》が起《おこ》ることのないや《ょ》うにすることを決意《けつい》し、ここに主権《しゅけん》が国民《こくみん》に存《そん》することを宣言《せんげん》し、この憲法《けんぽう》を確定《かくてい》する。そもそも国政《こくせい》は、国民《こくみん》の厳粛《げんしゅく》な信託《しんたく》によるものであつ《っ》て、その権威《けんい》は国民《こくみん》に由来《ゆらい》し、その権力《けんりょく》は国《こく》民《みん》の代表者《だいひょうしゃ》がこれを行使《こうし》し、その福利《ふくり》は国《こく》民《みん》がこれを享受《きょうじゅ》する。これは人類《じんるい》普遍《ふへん》の原理《げんり》であり、この憲法《けんぽう》は、かかる原理《げんり》に基《もとづ》くものである。われらは、これに反《はん》する一切《いっさい》の憲法《けんぽう》、法令《ほうれい》及《およ》び詔勅《しょうちょく》を排除《はいじょ》する。

日本国民《にほんこくみん》は、恒久《こうきゅう》の平和《へいわ》を念願《ねんがん》し、人間相互《にんげんそうご》の関係《かんけい》を支配《しはい》する崇高《すうこう》な理想《りそう》を深《ふか》く自覚《じかく》するのであつ《っ》て、平和《へいわ》を愛《あい》する諸国民《しょこくみん》の公正《こうせい》と信義《しんぎ》に信《しん》頼《らい》して、われらの安全《あんぜん》と生存《せいぞん》を保持《ほじ》しようと決《けつ》意《い》した。われらは、平和《へいわ》を維持《いじ》し、専制《せんせい》と隷従《れいじゅう》、圧迫《あっぱく》と偏狭《へんきょう》を地上《ちじょう》から永遠《えいえん》に除去《じょきょ》しようと努《つと》めてゐ《い》る国際社会《こくさいしゃかい》において、名誉《めいよ》ある地位《ちい》を占《し》めたいと思《おも》ふ《う》。われらは、全世界《ぜんせかい》の国民《こくみん》が、ひとしく恐怖《きょうふ》と欠乏《けつぼう》から免《まぬ》かれ、平和《へいわ》のうちに生存《せいぞん》する権利《けんり》を有《ゆう》することを確認《かくにん》する。

われらは、いづ《ず》れの国家《こっか》も、自国《じこく》のことのみに専念《せんねん》して他国《たこく》を無視《むし》してはならないのであつ《っ》て、政治道徳《せいじどうとく》の法則《ほうそく》は、普遍的《ふへんてき》なものであり、この法則《ほうそく》に従《したが》ふ《う》ことは、自国《じこく》の主権《しゅけん》を維持《いじ》し、他国《たこく》と対等関係《たいとうかんけい》に立《た》た《と》うとする各国《かっこく》の責務《せきむ》であると信《しん》ずる。

日本国民《にほんこくみん》は、国家《こっか》の名誉《めいよ》にかけ、全力《ぜんりょく》をあげてこの崇高《すうこう》な理想《りそう》と目的《もくてき》を達成《たっせい》することを誓《ちか》ふ《う》。

5月《がつ》5日《いつか》

端午《たんご》の節句《せっく》

【男《おとこ》の子《こ》の成長《せいちょう》を願《ねが》う】

5月《がつ》5日《いつか》は「こどもの日《ひ》」でもあり、「端午《たんご》の節句《せっく》」という男《おとこ》の子《こ》の節句《せっく》でもあるよ。よろいかぶとの五月人形《ごがつにんぎょう》をかざったり、家《いえ》の外《そと》に鯉《こい》のぼりをあげたりするね。子《こ》どもが元気《げんき》に育《そだ》つように、という大人《おとな》の願《ねが》いがこめられているんだよ。

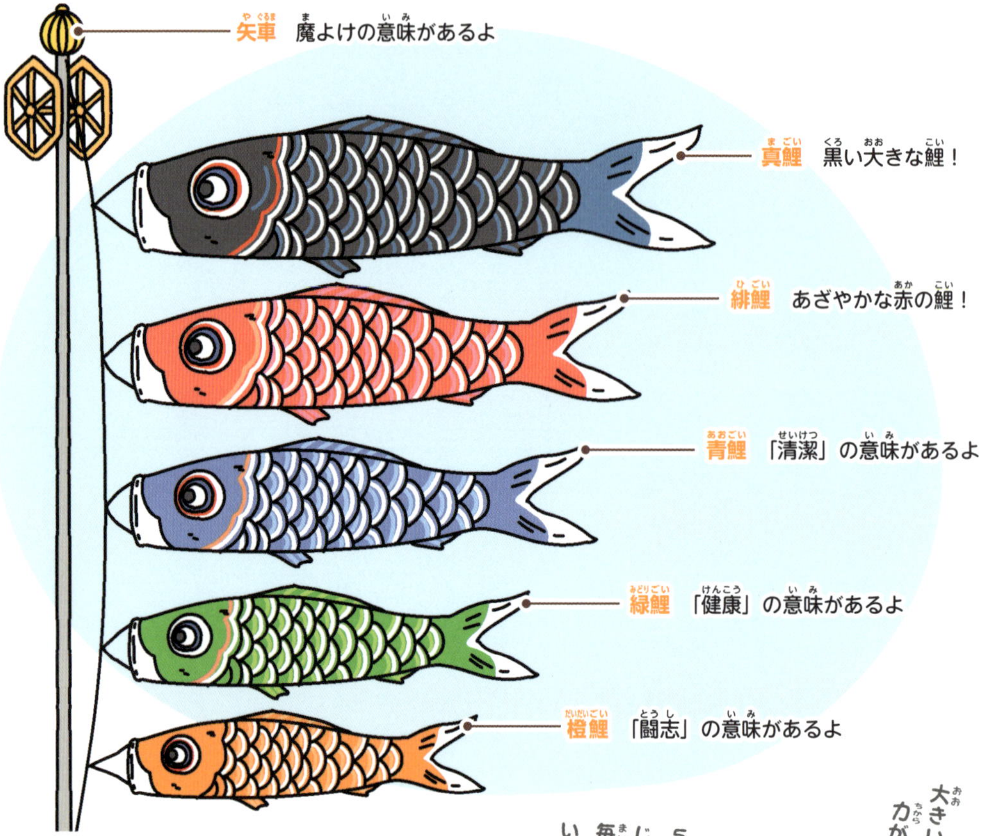

矢車《やぐるま》 魔《ま》よけの意味《いみ》があるよ
真鯉《まごい》 黒《くろ》い大《おお》きな鯉《こい》！
緋鯉《ひごい》 あざやかな赤《あか》の鯉《こい》！
青鯉《あおごい》 「清潔《せいけつ》」の意味《いみ》があるよ
緑鯉《みどりごい》 「健康《けんこう》」の意味《いみ》があるよ
橙鯉《だいだいごい》 「闘志《とうし》」の意味《いみ》があるよ

鯉《こい》のぼりは江戸時代《えどじだい》からあったんだよ。武士《ぶし》の家《いえ》では、男《おとこ》の子《こ》の成長《せいちょう》を願《ねが》ってのぼりを立《た》てる習慣《しゅうかん》があったんだ。

大《おお》きい鯉《こい》のぼりを見《み》てると、力《ちから》がわいてくる感《かん》じがするよ！
ふんっ
5月《がつ》5日《いつか》だけじゃなく、毎日《まいにち》そうだといいのにね…

♫ 歌《うた》ってみよう！

「こいのぼり」

(1)

屋根《やね》より高《たか》い　こいのぼり
大《おお》きい真鯉《まごい》は　お父《とう》さん
小《ちい》さい緋鯉《ひごい》は　こどもたち
おもしろそうに　およいでる

(2)

緑《みどり》の風《かぜ》に　さそわれて
ひらひらはためく　ふきながし
くるくるまわる　かざぐるま
おもしろそうに　およいでる

(3)

五月《ごがつ》の風《かぜ》に　こいのぼり
目玉《めだま》をピカピカ　光《ひか》らせて
尾《お》びれをくるくる　おどらせて
明《あか》るい空《そら》を　およいでる

こいのぼりにはもうひとつ、「甍《いらか》の波《なみ》と雲《くも》の波《なみ》」で始《はじ》まる「鯉《こい》のぼり」っていう歌《うた》があるんだよ。「こいのぼり」は昭和《しょうわ》にできた歌《うた》だけど、「鯉《こい》のぼり」は大正《たいしょう》時代《じだい》にできたんだ。

「屋根《やね》より高《たか》い」って、高層《こうそう》マンションだったら何《なん》メートルになる？？

マンションなんてない時代《じだい》にできたの、この歌《うた》は！

端午《たんご》の節句《せっく》に食《た》べるものは？

やっぱり食《た》べ物《もの》がなくちゃね！

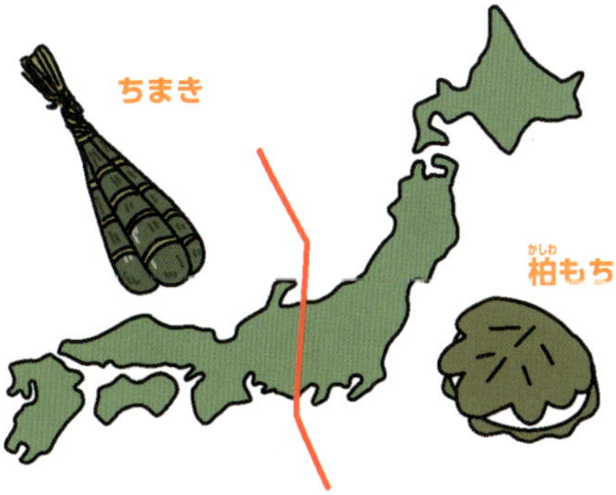

「柏《かしわ》もち」と「ちまき」があるよ。柏《かしわ》もちは、平《ひら》たくしたもちにあずきやみそのあんをはさんで二《ふた》つに折《お》り柏《かしわ》の葉《は》でつつんでむしたもの。「ちまき」は、もち米《ごめ》を笹《ささ》の葉《は》でつつんでしばってむしたもの。関東《かんとう》では柏《かしわ》もち、関西《かんさい》ではちまきを食《た》べることが多《おお》いんだよ。

いそがしいなぁ～　関東《かんとう》と関西《かんさい》にいって両方《りょうほう》食《た》べなきゃ！

そういうことは一生懸命《いっしょうけんめい》なのよねー

母《はは》の日《ひ》

【母《はは》に感謝《かんしゃ》する日《ひ》】

母《はは》の日《ひ》は、もともとアメリカの祝日《しゅくじつ》。それが日本《にほん》に入《はい》ってきたんだよ。人《ひと》はみんな、お母《かあ》さんから生《う》まれるよね。母《はは》の日《ひ》は、生《う》んでくれたお母《かあ》さんに感謝《かんしゃ》する日《ひ》。心《こころ》をこめて「ありがとう」と伝《つた》えよう！

20世紀《せいき》のはじめ、アンナ・ジャービスという女《おんな》の子《こ》がいた
アンナは亡《な》くなった母親《ははおや》のために、白《しろ》いカーネーションをささげた
それをきっかけに、アメリカで1914年《ねん》に「母《はは》の日《ひ》」として祝日《しゅくじつ》になったんだよ
へー
ぼくたちもお母《かあ》さんを大事《だいじ》にしなきゃね
はい カーネーション
いつも ありがとう
まぁ

もともとは白《しろ》いカーネーションだったけど、今《いま》は赤《あか》やピンクなど、色《いろ》のついたカーネーションをあげる習慣《しゅうかん》になっているね。日本《にほん》では1949（昭和《しょうわ》24）年《ねん》に「母《はは》の日《ひ》」と制定《せいてい》されたんだよ。

お花《はな》だけで、お母《かあ》さんうれしいかな？
ボクだったらゲームがいいなー
まったく、女心《おんなごころ》がわからないんだから！

郵便はがき

恐れ入りますが、切手を貼ってお出しください。

111-0056

東京都台東区小島1-4-3

金の星社　愛読者係

〒□□□-□□□□ ご住所		
ふりがな お名前		性別　男・女 年齢　　歳
TEL　　　（　　　）	ご職業	
e-mail		

●弊社出版目録・お子様へのバースデーカードをさしあげます

★出版目録希望（する・しない）　★新刊案内希望（する・しない）

★バースデーカード希望（する・しない）

おなまえ		西暦　年	月	日生	男・女	歳
おなまえ		西暦　年	月	日生	男・女	歳

★当社の本のご購入がありましたら、下記にご記入下さい。

書名	本体　円＋税	冊
書名	本体　円＋税	冊
書名	本体　円＋税	冊

発送はブックモールジャパンに委託しております。発送手数料は210円です。5,000円以上のお買い上げで発送手数料無料となります。（お支払は代引きとなります）　お急ぎの場合は、直接ご連絡ください。

金の星社　TEL03-3861-1861

高1501

よりよい本づくりをめざして

お手数ですが、あなたのご意見ご感想をおきかせください。

1. お買い上げいただいた本のタイトル

(　　　　　　　　　　　　　　　　　　　　　　　　　　　)

2. この本をお求めになった書店

市区
町村　　　　　　　　書店　　　　年　　月　　日購入

3. この本をお読みいただいたご感想は？

●内容　1. おもしろい　2. つまらない　3. やさしい　4. むずかしい
5. 読みやすい　6. 読みにくい　7. 感動した　8. ふつう

●本のデザイン　1. よい　2. ふつう　3. わるい

●ご意見、ご感想をぜひおきかせください。

4. この本を何でお知りになりましたか？

1. 書店で　2. 広告で　(新聞　　　　雑誌　　　　)
3. 図書館で　4. 書評で　(新聞　　　　雑誌　　　　)
5. DM・チラシをみて　6. 先生・両親・知人にすすめられて
7. 当社目録をみて　8. その他 (　　　　　　　　)

5. この本をお求めになったのは？

1. タイトルがよい　2. テーマに興味がある　3. 作家・画家のファン
4. 表紙デザインがよい　5. 帯にひかれて　6. 広告をみて　7. 書評をみて
8. 人にすすめられて　9. その他 (　　　　　　　　)

6. 今後読んでみたい作家・画家・テーマは？

7. よくお読みになる新聞・雑誌は？

新聞 (　　　　　　　　)　雑誌 (　　　　　　　　)

ご協力ありがとうございました。ご記入いただきましたお客様の個人情報は、下記の目的で使用させていただく場合がございます。

●ご注文書籍の配送、お支払い等確認のご連絡　●弊社新刊・サービスのDM
●チラシ・広告・ポップ等へのご意見・ご感想の掲載　●弊社出版物企画の参考

［個人情報に関するお問い合わせ先］

■金の星社　お客様窓口　電話 03-3861-1861　E-mail usagi1@kinnohoshi.co.jp

漫画家たちの戦争

中野晴行／監修

全6巻　揃定価（揃本体18000円＋税）　小学校高学年〜一般

原爆、子ども、銃後等のテーマ毎に戦争漫画を収載。手塚治虫、ちばてつや、赤塚不二夫、水木しげる等の巨匠から、『社長 島耕作』の弘兼憲史、『シティハンター』の北条司など第一線の作家、気鋭の若手まで内容も年代も幅広く収録。“こち亀”の秋本治の作品など出版社や掲載誌の枠を超えて収載した奇跡的なシリーズです。今こそ漫画で平和と戦争について考えてみませんか。

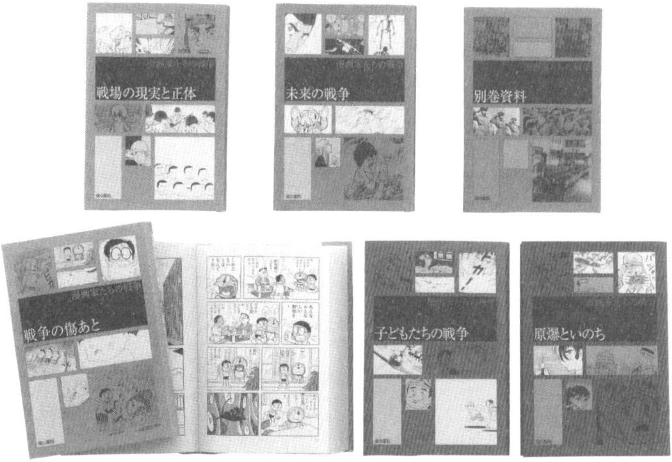

分売可

原爆といのち	定価（本体3,200円+税）
子どもたちの戦争	定価（本体3,200円+税）
戦争の傷あと	定価（本体3,200円+税）
戦場の現実と正体	定価（本体3,200円+税）
未来の戦争	定価（本体3,200円+税）
漫画家たちの戦争　別巻資料	定価（本体2,000円+税）

武器より一冊の本をください
少女マララ・ユスフザイの祈り

ヴィヴィアナ・マッツァ 著／横山千里 訳

タリバン支配下にあるパキスタン。女性への教育の必要性や平和への願いを訴えたがために、わずか15歳のマララ・ユスフザイはタリバンの標的にされ、頭部に銃撃を受ける。奇跡の回復を遂げた彼女は国連で教育の重要性をスピーチし、最も若いノーベル平和賞の候補者になった。マララが銃撃を受けるに至ったパキスタンの状況と、マララの現在までの歩みをイタリアのジャーナリストが追う。

定価（本体1,400円+税）　小学校高学年～

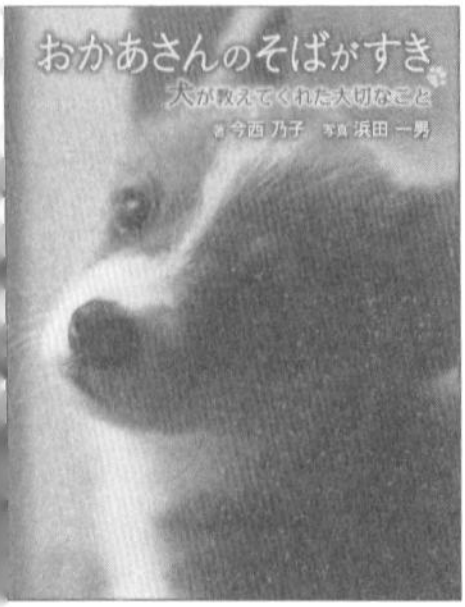

おかあさんのそばがすき
犬が教えてくれた大切なこと

今西乃子 著／浜田一男 写真

家族の一員となったコーギーの子犬。蘭丸と名付けた愛くるしい犬は、わずか数年で飼い主の年齢を追いこし、いつしかおじいちゃん犬になっていた。ペットの一生を通し、命を預かることの責任を考える。ペットの看取りまでを追うノンフィクション写真読み物。“犬をかう”ことは“いのちをあずかる”こと。

定価（本体1,300円+税）　小学校高学年～

きっときみに届くと信じて

吉富多美 作

「うざいアイツが完全に消えるまで頑張ります」南條佐奈のFM番組に届いたいじめ予告。少女のSOSだと佐奈は気付くが何もできないまま、今度は別の少女から自殺予告が来る。佐奈が書店で見かけた少女・倉沢海とその友人・田淵晴香が発するSOSが、いじめにつながっていることに気付いた佐奈は、番組を通して語りかけ、リスナーたちを動かしていく。

定価（本体1,300円+税）　小学校高学年～

母《はは》の日《ひ》は、アメリカと
日本《にほん》だけ？

他《ほか》の国《くに》ではお母《かあ》さんに
感謝《かんしゃ》しないのかな……？

そんなことはないよ！　母《はは》の日《ひ》は世界中《せかいじゅう》にあるんだ。
日本《にほん》と同《おな》じ、5月第《がつだい》2日曜日《にちようび》が母《はは》の日《ひ》の国《くに》には、オーストリア、カナダ、香港《ホンコン》、台湾《タイワン》、オーストラリア、ドイツ、イタリアなどがあるよ。
日付《ひづけ》がちがう国《くに》もたくさんあるんだ。
例《たと》えば……

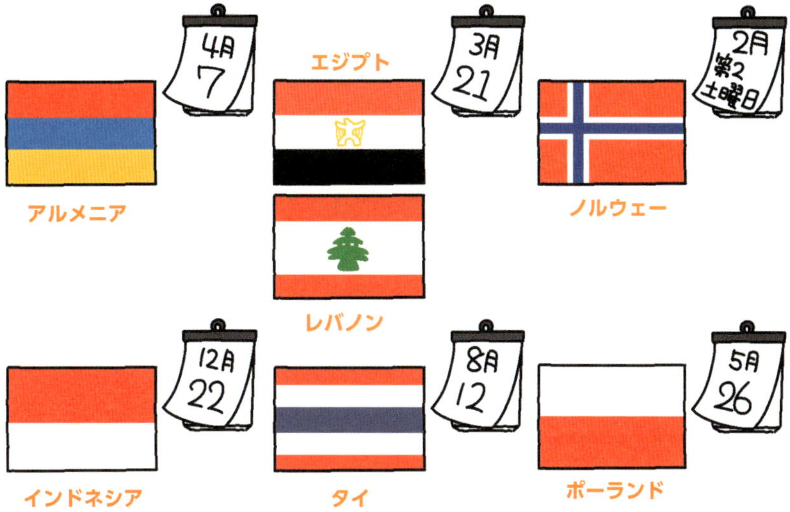

4月
7
アルメニア
エジプト
3月
21
レバノン
2月
第2
土曜日
ノルウェー
12月
22
インドネシア
8月
12
タイ
5月
26
ポーランド

カーネーションって、どんな花《はな》？

みたことはあるけど、
よく知《し》らないなー？

flower
お母さん喜ぶかなあ
そうだね

カーネーションはナデシコ科《か》の花《はな》。ヨーロッパでは、キリストが処刑《しょけい》されたときに、聖母《せいぼ》マリアが流《なが》した涙《なみだ》のあとからカーネーションが生《は》えてきたといういい伝《つた》えがあるんだ。だから、母《はは》の日《ひ》の花《はな》になったのかもしれないね。赤《あか》いカーネーションの花言葉《はなことば》は、ズバリ「母《はは》への愛《あい》」だよ。

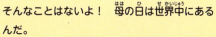

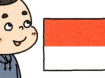

6月《がつ》第《だい》3日《にち》曜《よう》日《び》

父《ちち》の日《ひ》

【父《ちち》に感謝《かんしゃ》する日《ひ》】

「母《はは》の日《ひ》」の方《ほう》が有名《ゆうめい》だけど、「父《ちち》の日《ひ》」もちゃんとあるよ。みんなが今《いま》あるのは、お父《とう》さんやお母《かあ》さん、そのまたお父《とう》さんやお母《かあ》さんたちがいたからだね。お父《とう》さんにもちゃんと感謝《かんしゃ》の気持《きも》ちを伝《つた》えよう！

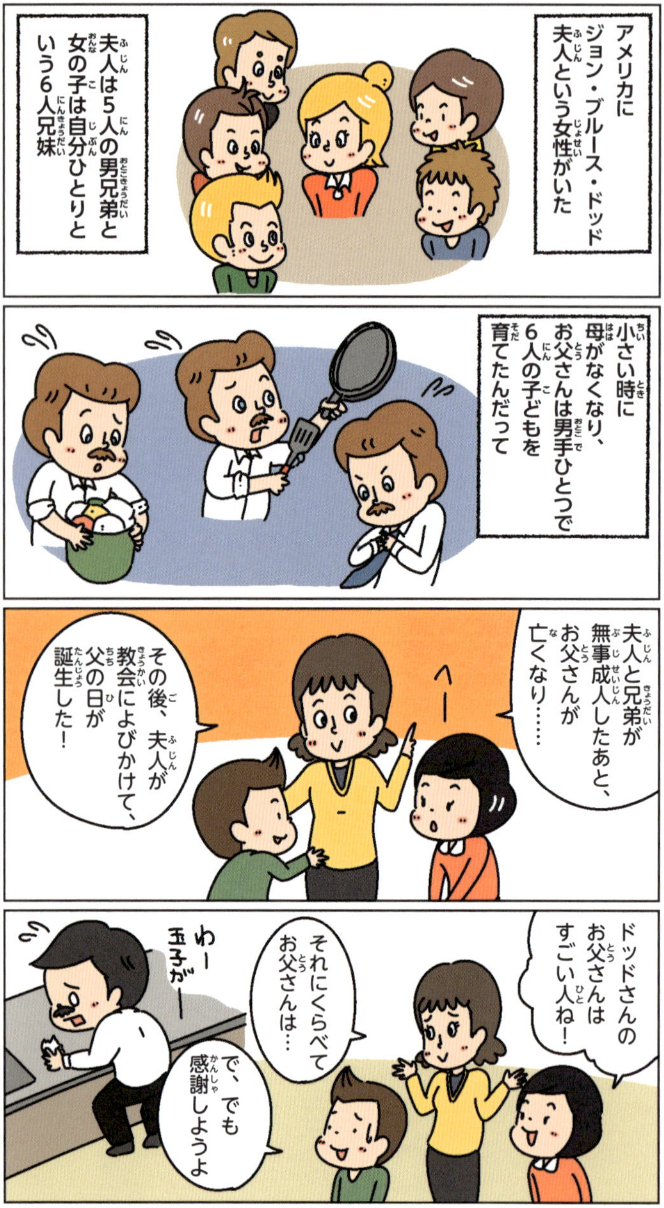
アメリカにジョン・ブルース・ドッド夫人《ふじん》という女性《じょせい》がいた
夫人《ふじん》は5人《にん》の男兄弟《おとこきょうだい》と女《おんな》の子《こ》は自分《じぶん》ひとりという6人兄妹《にんきょうだい》
小《ちい》さい時《とき》に母《はは》がなくなり、お父《とう》さんは男手《おとこで》ひとつで6人《にん》の子《こ》どもを育《そだ》てたんだって
夫人《ふじん》と兄弟《きょうだい》が無事成人《ぶじせいじん》したあと、お父《とう》さんが亡《な》くなり……
へー
その後《ご》、夫人《ふじん》が教会《きょうかい》によびかけて、父《ちち》の日《ひ》が誕生《たんじょう》した！
ドッドさんのお父《とう》さんはすごい人《ひと》ね！
それにくらべてお父《とう》さんは…
わー玉子がー
で、でも感謝《かんしゃ》しようよ

父《ちち》の日《ひ》も、はじまりはアメリカだったんだよ！

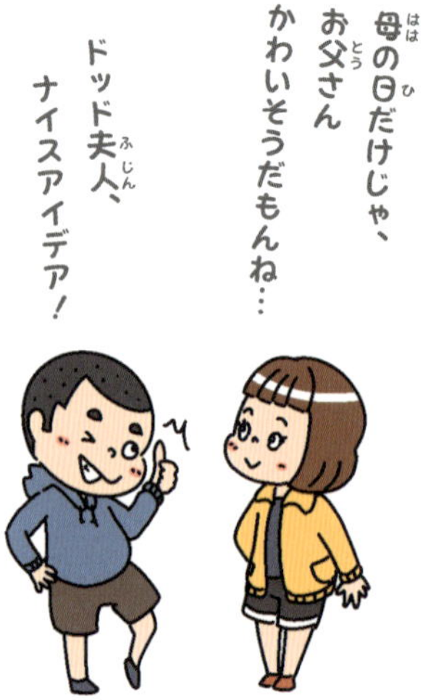
母《はは》の日《ひ》だけじゃ、お父《とう》さんかわいそうだもんね…
ドッド夫人《ふじん》、ナイスアイデア！

知《し》っておこう!

ご先祖《せんぞ》さまのよび方《かた》

「おじいちゃん」とか「ひいおばあちゃん」とよんだりするけれど、ご先祖《せんぞ》さまにはそれぞれ正式《せいしき》なよび名《な》があるんだ。大人《おとな》になったときにきちんと使《つか》えるように、今《いま》から知《し》っておこう！

高祖父《こうそふ》
高祖母《こうそぼ》
高祖母《こうそぼ》
高祖父《こうそふ》
曽祖父《そうそふ》
曽祖母《そうそぼ》
曽祖母《そうそぼ》
曽祖父《そうそふ》
祖父《そふ》
祖母《そぼ》
祖母《そぼ》
祖父《そふ》
母《はは》
父《ちち》
妹《いもうと》
本人《ほんにん》

「曽《そう》」がつくと3代前《だいまえ》、「高《こう》」がつくと4代前《だいまえ》になることを覚《おぼ》えておこう！

すごいなあ、全員集《ぜんいんあつ》まったらどうなっちゃうんだろう！
集《あつ》まれるはずはないと思《おも》うけど…

7月《がつ》7日《なのか》

七夕《たなばた》

【織姫《おりひめ》と彦星《ひこぼし》が年《ねん》に一度《いちど》会《あ》う日《ひ》】

「牽牛《けんぎゅう》（彦星《ひこぼし》）」という男《おとこ》の人《ひと》と「織女《しょくじょ》（織姫《おりひめ》）」という女《おんな》の人《ひと》は、結婚《けっこん》したら仕事《しごと》をさぼりがちになった！　それをおこった神様《かみさま》が、二人《ふたり》を天《あま》の川《がわ》でへだててしまい、年《ねん》に一度《いちど》、七夕《たなばた》の夜《よる》にだけ会《あ》えることになったという伝説《でんせつ》がもとになっているよ。

この伝説《でんせつ》は、中国《ちゅうごく》から伝来《でんらい》したんだよ！

ちゃんと仕事《しごと》してればこんなことにならなかったのに……

知《し》っておこう！

七夕《たなばた》かざりの意味《いみ》

あみかざり
魚《さかな》がたくさんとれるように、かざるんだって！

ちょうちん
短冊《たんざく》や、心《こころ》を明《あか》るくしてもらう。

笹竹《ささたけ》
昔《むかし》から神聖《しんせい》なものとされていて、魔《ま》よけの意味《いみ》があるよ。

短冊《たんざく》
昔《むかし》は五色《ごしょく》の布《ぬの》を使《つか》っていたから、歌《うた》にも「五《ご》色《しき》の短冊《たんざく》」ってあるね。今《いま》は紙《かみ》だけどね。

七夕《たなばた》のかざりには、長寿《ちょうじゅ》や豊作《ほうさく》などの意味《いみ》があるんだよ。

ねぼうして、ちこくしませんように！
勉強《べんきょう》しなくても100点《てん》とれますように！

それは自分《じぶん》でがんばろうよ…

覚《おぼ》えておこう！ 天《あま》の川《がわ》の俳句《はいく》と和歌《わか》

うつくしや
しや《ょ》うじの穴《あな》の
天《あま》の川《がわ》

小林一茶《こばやしいっさ》

一茶《いっさ》は、七夕《たなばた》の日《ひ》に病気《びょうき》でねていたんだ。ねながら障《しょう》子《じ》の穴《あな》をみつけて、そこから天《あま》の川《がわ》をみたんだよ。まずしく、病気《びょうき》の一茶《いっさ》にとって、そんな小《ちい》さな幸《しあわ》せがうれしかったんだね。

障子《しょうじ》の穴《あな》からなんて、みえるのかなぁ？

かささぎの　渡《わた》せる橋《はし》に
おく霜《しも》の
白《しろ》きを見《み》れば
夜《よ》ぞ更《ふ》けにける

中納言家持《ちゅうなごんやかもち》

かささぎは、天《あま》の川《がわ》に橋《はし》をかけるといわれている鳥《とり》だよ。「天《あま》の川《がわ》の橋《はし》も、宮中《きゅうちゅう》の階段《かいだん》も、霜《しも》でまっ白《しろ》になるくらい夜《よる》がふけてしまったなぁ」という意味《いみ》。目《め》の前《まえ》の景色《けしき》も空《そら》もまっ白《しろ》な、幻想的《げんそうてき》なようすをうたっているね。

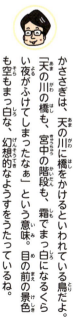

7月20日ごろ 土用の丑【土用の間の丑の日】

この時期は、夏バテしやすい時期だよね。「暑いから食欲がない」なんていってないかな？ 暑いときこそ、しっかり栄養をつけなくちゃ。土用の丑の日にうなぎを食べるという習慣は、江戸時代からあるんだよ！

平賀源内はエレキテル（摩擦発生装置）を復元したり、今でいう小説を書いたりと、多才な人だったんだよ！

「土用」が「土曜」だったら、毎週うなぎが食べられたのになー

そんなに元気だったら、うなぎ食べなくてもだいじょうぶ

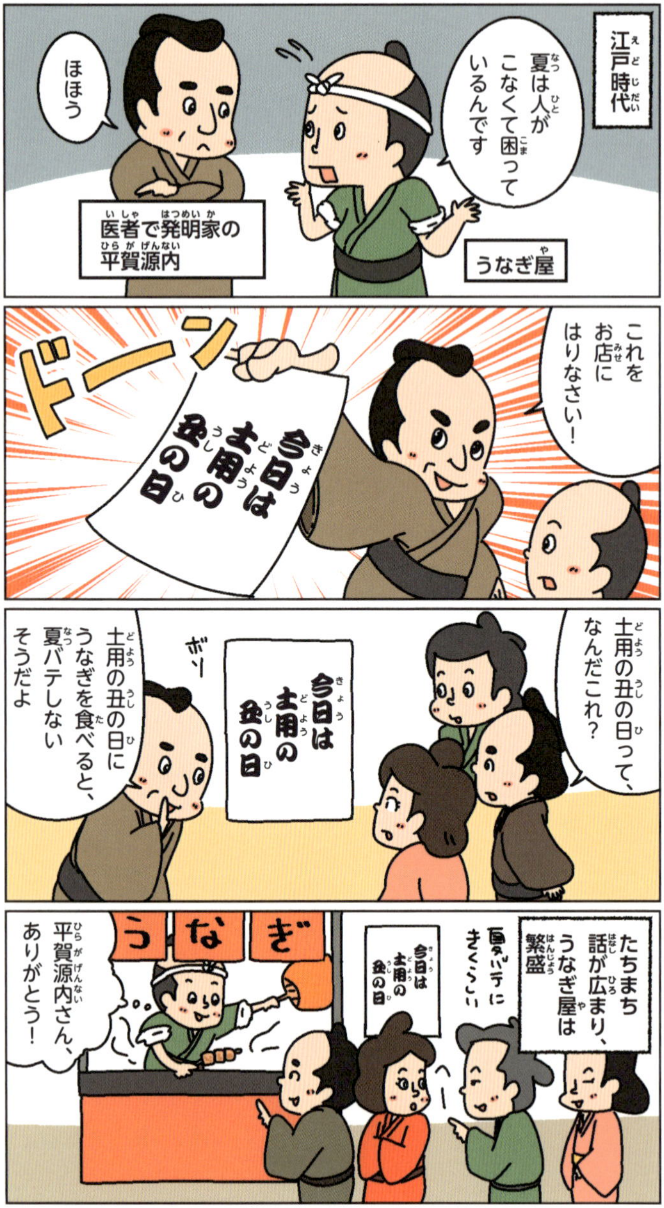

ところで、土用《どよう》って
何《なん》のこと？

土曜日《どようび》のことじゃないって
ことはわかったけど……

新《あたら》しい季節《きせつ》のはじまりを表《あらわ》す立春《りっしゅん》・立夏《りっか》・立秋《りっしゅう》・立冬《りっとう》。その前《まえ》の18日間《にちかん》、つまり前《まえ》の季節《きせつ》の終《お》わりの18日間《にちかん》のことを土用《どよう》っていうんだ。だから、土用《どよう》は年《ねん》に4回《かい》あるんだよ。でも、今《いま》では「土用《どよう》の丑《うし》の日《ひ》」というと、夏《なつ》の土用《どよう》をさすんだね。

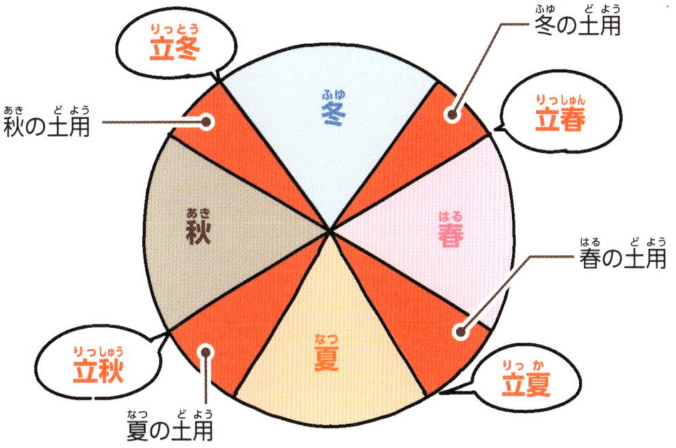

あっ！　じゃあ、4回《かい》うなぎを食《た》べてもいいってこと？

先生《せんせい》の説明《せつめい》、ちゃんと聞《き》いてるのかしら…

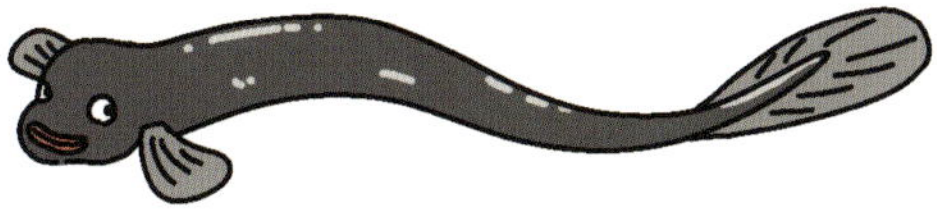

土用《どよう》の丑《うし》の日《ひ》って、
牛肉《ぎゅうにく》とも関係《かんけい》あるの？

牛《うし》とうなぎで
混乱《こんらん》するなぁ

この「丑《うし》」は十二支《じゅうにし》の「丑《うし》」のことで、昔《むかし》は365日《にち》を順番《じゅんばん》に十二支《じゅうにし》にあてはめていたんだ。18日間《にちかん》の土用《どよう》の中《なか》で「丑《うし》」に当《あ》たる日《ひ》を「土用《どよう》の丑《うし》の日《ひ》」というんだよ。だから、毎年《まいとし》日付《ひづけ》が変《か》わるんだ。

なんだ、そういうことか
「丑《うし》の日《ひ》」っていうから、
牛《ぎゅう》ステーキも食《た》べられる
かと期待《きたい》したのに！

あんまり関係《かんけい》なくて
スミマセン

牛《うし》さんは何《なに》も
悪《わる》くないわよ…

8月《がつ》6日《むいか》、9日《ここのか》

原爆《げんばく》の日《ひ》

【平和《へいわ》を祈《いの》る日《ひ》】

日本《にほん》は、世界《せかい》で唯一《ゆいいつ》の被爆国《ひばくこく》。戦争《せんそう》で原子爆弾《げんしばくだん》（原爆《げんばく》）を落《お》とされた国《くに》なんだよ。たくさんの被害《ひがい》があって、たくさんの人《ひと》が亡《な》くなったという悲《かな》しみを持《も》つからこそ、平和《へいわ》への思《おも》いも強《つよ》くなったんだ。

広島《ひろしま》の原爆《げんばく》ドーム（広島平和記念碑《ひろしまへいわきねんひ》）

核兵器《かくへいき》による被害《ひがい》を伝《つた》える世界《せかい》で唯一《ゆいいつ》の建造物《けんぞうぶつ》。1996年《ねん》に世界文化遺産《せかいぶんかいさん》に登録《とうろく》された。

長崎《ながさき》の平和祈念像《へいわきねんぞう》

上《うえ》にあげた右手《みぎて》は原爆《げんばく》のおそろしさ、横《よこ》にのばした左手《ひだりて》は平和《へいわ》を表《あらわ》し、とじた目《め》は亡《な》くなった人《ひと》の冥福《めいふく》を祈《いの》っている。1955年《ねん》8月8日《がつようか》に完成《かんせい》。

広島平和記念資料館《ひろしまへいわきねんしりょうかん》、長崎原爆資料館《ながさきげんばくしりょうかん》に行《い》くと、当時《とうじ》のことがよくわかるよ。機会《きかい》があったら見学《けんがく》するといいね。

今度《こんど》、家族旅行《かぞくりょこう》のときに行《い》ってみようよ
そうね。勉強《べんきょう》になるもんね

つらいことなのに、どうしてこういう記念日《きねんび》があるの？

つらいことは、わすれたいんじゃないのかな…

原爆《げんばく》の日《ひ》は、「こういうことをくり返《かえ》してはいけない」と、改《あらた》めて心《こころ》にきざむためにあるんだ。わすれてしまったら、また同《おな》じことが起《お》きてしまうかもしれない。つらくて悲《かな》しいことだからこそ、わすれてはいけないんだよ。

そっか、亡《な》くなった人《ひと》がたくさんいることを、わすれちゃいけないよね

一年《いちねん》に一度《いちど》、この日《ひ》があることが大切《たいせつ》なのね

折鶴《おりづる》は平和《へいわ》の象徴《しょうちょう》となっているんだよ！

原爆《げんばく》の日《ひ》には、どんなことをするの？

どこかに集《あつ》まるのかな…

6日《むいか》は広島《ひろしま》で、9日《ここのか》は長崎《ながさき》で平和式典《へいわしきてん》があるよ。亡《な》くなった人《ひと》たちのことをしのび、平和《へいわ》への思《おも》いを新《あら》たにする式《しき》典《てん》なんだ。原爆《げんばく》を落《お》とされた時間《じかん》=広《ひろ》島《しま》は8時《じ》15分《ふん》、長崎《ながさき》は11時《じ》2分《ふん》に、1分間《ぷんかん》の黙祷《もくとう》をささげるよ。

知《し》っておこう！

非核三原則《ひかくさんげんそく》

世界《せかい》で唯一《ゆいいつ》の被爆国《ひばくこく》である日本《にほん》には、「非《ひ》核三原則《かくさんげんそく》」という基本方針《きほんほうしん》があるよ。これを決《き》めたのは、元総理大臣《もとそうりだいじん》の佐藤栄《さとうえい》作《さく》さん。ノーベル平和賞《へいわしょう》を受賞《じゅしょう》している。

核兵器《かくへいき》は

持《も》たない

作《つく》らない

持《も》ちこまない

ぼくもわすれないようにしよう！

8月《がつ》15日《にち》

終戦《しゅうせん》の日《ひ》

【戦争《せんそう》が終《お》わった日《ひ》】

戦争《せんそう》をしてはいけない！　日本《にほん》は戦争《せんそう》をしない！　悲《かな》しい歴史《れきし》を経《へ》た日本《にほん》は、そう決《き》めたんだよ。8月《がつ》15日《にち》は、そのことをわすれないための日《ひ》。いつまでもこの日《ひ》をわすれずに、平和《へいわ》を願《ねが》おう。

1945年《ねん》7月《がつ》
ポツダム会談《かいだん》
ソビエト
イギリス
アメリカ
そこで日本《にほん》に日本軍《にほんぐん》の無条件降伏《むじょうけんこうふく》を求《もと》めるポツダム宣言《せんげん》を表明《ひょうめい》
ポツダム宣言
8月《がつ》14日《じゅうよっか》
日本《にほん》はポツダム宣言《せんげん》を受《う》けいれる
ポツダム宣言
8月《がつ》15日《にち》
戦争《せんそう》は終《お》わった
朕深《ちんふか》く世界《せかい》の大勢《たいせい》と…

8月《がつ》15日《にち》の「玉音放送《ぎょくおんほうそう》」はラジオで流《なが》れたんだよ。それで国民《こくみん》みんなが知《し》ったんだね。

その当時《とうじ》はテレビとかなかったもんね

ラジオが唯一《ゆいいつ》の手段《しゅだん》だったのね

どのくらい戦争《せんそう》してたの？

たくさんだったらつらいなぁ…

明治《めいじ》に入《はい》ってから終戦《しゅうせん》の1945年《ねん》までの間《あいだ》、日本《にほん》がかかわった主《おも》なものには５つの戦争《せんそう》があるよ。

1894（明治《めいじ》27）年《ねん》　日清戦争《にっしんせんそう》
1904（明治《めいじ》37）年《ねん》　日露戦争《にちろせんそう》
1914（大正《たいしょう》３）～1918（大正《たいしょう》７）年《ねん》　第一次世界大戦《だいいちじせかいたいせん》
1937（昭和《しょうわ》12）～1945（昭和《しょうわ》20）年《ねん》　日中戦争《にっちゅうせんそう》
1941（昭和《しょうわ》16）～1945（昭和《しょうわ》20）年《ねん》　太平洋戦争《たいへいようせんそう》

戦争《せんそう》では失《うしな》ったものがたくさんあるんだ。中《なか》でも、人《ひと》の命《いのち》は取《と》り返《かえ》しがつかない。だから、絶対《ぜったい》に戦争《せんそう》をしてはいけないんだね。

読《よ》んでみよう！

戦争《せんそう》を伝《つた》える本《ほん》

太平洋戦争《たいへいようせんそう》が終《お》わってから何十年《なんじゅうねん》もたち、戦争《せんそう》のことをはっきりと記憶《きおく》している世代《せだい》が少《すく》なくなっていくよね。だから戦争《せんそう》について語《かた》りついでいくということは、とても大切《たいせつ》なこと。戦争《せんそう》を伝《つた》える本《ほん》もたくさん出《で》ているよ。
『かわいそうなぞう』は、空襲《くうしゅう》でおりがこわされた時《とき》に、猛獣《もうじゅう》がにげだすことをさけるため、殺《ころ》されてしまった上野動物園《うえのどうぶつえん》のゾウの物語《ものがたり》。戦争《せんそう》が悲劇《ひげき》をもたらすのは、人間《にんげん》だけではないんだね。

つちやゆきお・文
たけべもといちろう・絵

終戦記念日《しゅうせんきねんび》には何《なに》をするの？

お祈《いの》りはするよね…

毎年《まいとし》、政府主催《せいふしゅさい》で「全国戦没者追悼式《ぜんこくせんぼつしゃついとうしき》」を行《おこな》うんだよ。正午《しょうご》には１分間黙祷《ぶんかんもくとう》するよ。
戦争《せんそう》をしてはいけない、平和《へいわ》を守《まも》ろうということを心《こころ》にちかうんだ。

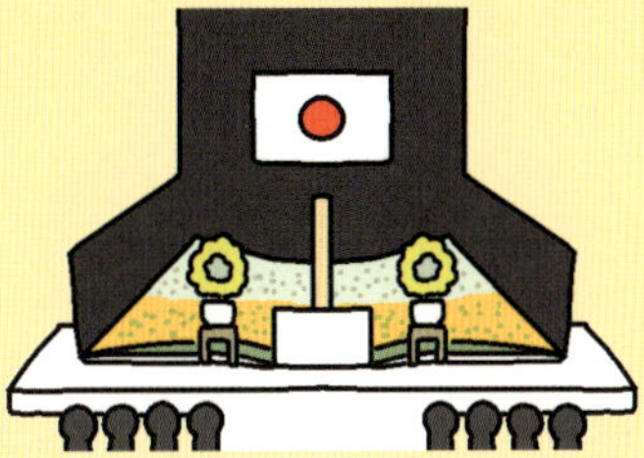

8月《がつ》中旬《ちゅうじゅん》

お盆《ぼん》

【先祖《せんぞ》の霊《れい》を迎《むか》える】

お盆《ぼん》は、ご先祖《せんぞ》さまが家《いえ》にもどってくる時期《じき》。大切《たいせつ》なご先祖《せんぞ》さまを迎《むか》えるための、いくつかのじゅんびがあるんだよ。お迎《むか》えして、お礼《れい》を伝《つた》え、また見送《みおく》る。一年《いちねん》に一度《いちど》の大切《たいせつ》な行事《ぎょうじ》だね。

迎《むか》え火《び》（送《おく》り火《び》）

ご先祖《せんぞ》さまの霊《れい》が道《みち》にまよわないために、また帰《かえ》りに送《おく》り出《だ》すために、火《ひ》をたくんだよ！

精霊流《しょうりょうなが》し

お盆《ぼん》のお供《そな》え物《もの》やかざり物《もの》を、小《ちい》さな舟《ふね》に乗《の》せて川《かわ》に流《なが》すんだよ！

盆《ぼん》おどり

ご先祖《せんぞ》さまの霊《れい》をなぐさめるために、みんなでおどるんだよ！

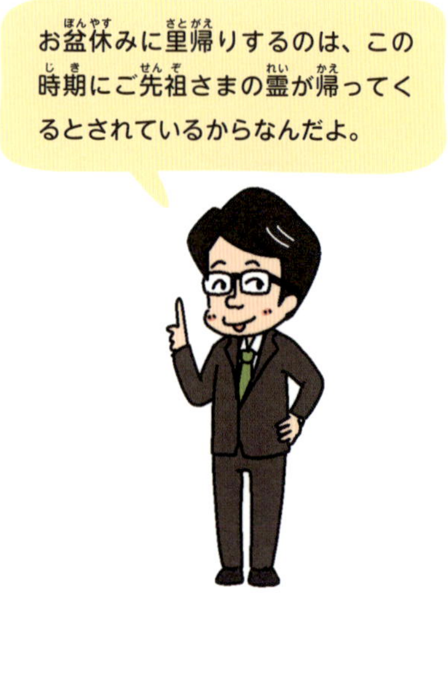
お盆休《ぼんやす》みに里帰《さとがえ》りするのは、この時期《じき》にご先祖《せんぞ》さまの霊《れい》が帰《かえ》ってくるとされているからなんだよ。

そっかぁ、いなかでおこづかいもらうためじゃないんだー
そんなこといってると、ご先祖《せんぞ》さまにおこられるわよ！

お盆《ぼん》って、もともと日本《にほん》にあったの？

ご先祖《せんぞ》さまとはいえ、
おばけはこわいなぁ？

お盆《ぼん》は日本《にほん》とインドの合作《がっさく》。日本《にほん》には昔《むかし》から、夏《なつ》と冬《ふゆ》にはご先祖《せんぞ》さまを供養《くよう》する習慣《しゅうかん》があったんだ。インドでは「盂蘭盆経《うらぼんきょう》」の中《なか》に、目連《もくれん》という人《ひと》が夏《なつ》にお母《かあ》さんを供養《くよう》するという説話《せつわ》があって、それが合体《がったい》したんだね。お盆《ぼん》の行事《ぎょうじ》は日本独自《にほんどくじ》のものなんだよ。

へぇー、外国《がいこく》にはお盆《ぼん》ってないんだ！

日本《にほん》だけの行事《ぎょうじ》だから、ちゃんと受《う》けついでいかないとね

ナスとキュウリにくしをさしてかざっているのはどうして？

ご先祖《せんぞ》さまの好物《こうぶつ》？
ずいぶんヘルシーだね

ナスは牛《うし》、キュウリは馬《うま》に見立《みた》てているんだよ。ご先祖《せんぞ》さまが馬《うま》に乗《の》って、牛《うし》に荷物《にもつ》をのせて帰《かえ》ってこられるようにという意味《いみ》なんだね。

あのナスの牛、乗れるんじゃろうか

いたれりつくせりとは、このことだねー！

それだけご先祖《せんぞ》さまを敬《うやま》う気持《きも》ちが強《つよ》いのよ

どうして盆《ぼん》おどりをするの？

おどるとご先祖《せんぞ》さまも楽《たの》しいからかな？

鎌倉時代《かまくらじだい》に一遍上人《いっぺんしょうにん》というお坊《ぼう》さんがいたんだ。一遍《いっぺん》は「南無阿弥陀仏《なむあみだぶつ》」をとなえるだけで極楽浄土《ごくらくじょうど》に行《い》けるとして、この念仏《ねんぶつ》を広《ひろ》めるために全国《ぜんこく》を回《まわ》ったら、みんなの気持《きも》ちが高《たか》まっておどりはじめたというのが、盆《ぼん》おどりのはじまりなんだよ。

念仏《ねんぶつ》とおどりだけで極楽《ごくらく》に行《い》けるなんて！

だけど、いい行《おこな》いをするのも大事《だいじ》よ

コラム

暑中《しょちゅう》お見《み》まい・残暑《ざんしょ》お見《み》まいはがきの書《か》き方《かた》

暑《あつ》さがきびしいときに、相手《あいて》を気《き》づかうために送《おく》るのが、暑中《しょちゅう》お見《み》まいや残暑《ざんしょ》お見《み》まい。長《なが》い文章《ぶんしょう》ではなく、短《みじか》い文章《ぶんしょう》で元気《げんき》よくさわやかに書《か》こう！

暑中《しょちゅう》お見《み》まいは、梅雨明《つゆあ》けから土用《どよう》（p.43）の期間《きかん》に送《おく》るものだよ！

暑中《しょちゅう》お見《み》まい申《もう》し上《あ》げます

毎日暑《まいにちあつ》い日《ひ》が続《つづ》いています。元気《げんき》ですか？
この間《あいだ》、海《うみ》に泳《およ》ぎにいきました。
日焼《ひや》けしたところがひりひりします。
二学期《にがっき》が始《はじ》まったら、またいっしょに遊《あそ》ぼうね！

◎◎◎◎年盛夏《ねんせいか》　○○○○

必《かなら》ず「お見《み》まい」と「お」をつけるよ。

相手《あいて》を気《き》づかう言《こと》葉《ば》を入《い》れよう。

「盛夏《せいか》」は夏《なつ》のまっさかりっていう意《い》味《み》。暑中《しょちゅう》お見《み》まいで使《つか》う言葉《ことば》だよ。

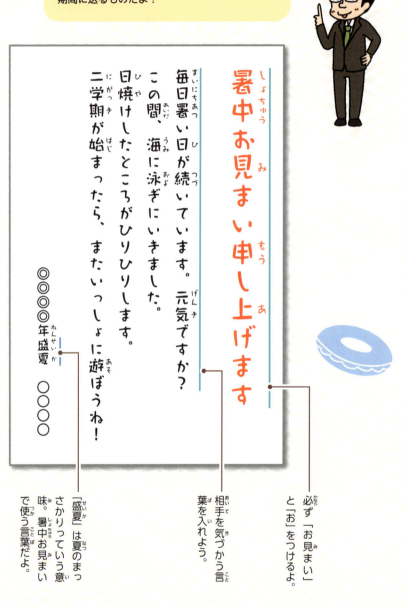

残暑《ざんしょ》お見《み》まいは、8月下旬《がつげじゅん》に相手《あいて》にとどくように出《だ》すもの。「暑中《しょちゅう》お見《み》まい」を出《だ》しわすれちゃった時《とき》は、「残暑《ざんしょ》お見《み》まい」を出《だ》すといいよ！

残暑《ざんしょ》お見《み》まい申《もう》し上《あ》げます

まだまだとても暑《あつ》いですね。元気《げんき》ですか？

今年《ことし》の夏《なつ》は、旅行先《りょこうさき》でテニスにちょうせんしました。

今度《こんど》、いっしょにやりたいね！

二学期《にがっき》も、よろしくお願《ねが》いします。

◎◎◎◎年晩夏《ねんばんか》　○○○○

必《かなら》ず「お見《み》まい」には「お」をつける。

夏休《なつやす》みの思《おも》い出《で》をひとつ入《い》れるといいよ。

「晩夏《ばんか》」は夏《なつ》の終《お》わりのこと。残暑《ざんしょ》お見《み》まいで使《つか》う言葉《ことば》だよ。

字《じ》がへただから、きれいに書《か》けるか心配《しんぱい》だなぁ

きれいな字《じ》でなくても、心《こころ》をこめて書《か》くことが大事《だいじ》なんじゃない?!

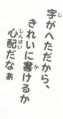

9月《がつ》1日《ついたち》

防《ぼう》災《さい》の日《ひ》

【防災《ぼうさい》のじゅんびを万全《ばんぜん》に】

日本《にほん》は島国《しまぐに》で、地震《じしん》も多《おお》い国《くに》といわれているんだ。地震《じしん》だけではなく、いろんな災害《さいがい》にそなえてじゅんびをしておくことは大事《だいじ》だね。まずは自分《じぶん》の身《み》の安全《あんぜん》を守《まも》ること。避難訓練《ひなんくんれん》はきちんとやろう！

1923（大正《たいしょう》12）年《ねん》
9月1日《がつついたち》
関東大震災《かんとうだいしんさい》が
起《お》きた
マグニチュード
7・9
あちこちで大《おお》きな
火災《かさい》が発生《はっせい》
そして10万人《まんにん》あまりの人《ひと》が亡《な》くなったの
そ、そんなに…
だからこの日《ひ》をわすれないように9月1日《がつついたち》を防災《ぼうさい》の日《ひ》としたの
非常食
で…この防災《ぼうさい》グッズはいつの？

地震発生《じしんはっせい》は11時《じ》58分《ぷん》、お昼《ひる》どきで火《ひ》を使《つか》っていた家《いえ》が多《おお》かったから火災《かさい》が起《お》こってしまったんだね。

だから日《ひ》ごろのそなえが大事《だいじ》なのね
そうだね、家族《かぞく》で協力《きょうりょく》してじゅんびしよう！

地震《じしん》のときによく聞《き》く「マグニチュード」って何《なに》？

地震《じしん》のエネルギーの大《おお》きさを表《あらわ》すのがマグニチュード。震度《しんど》は、その場所《ばしょ》でのゆれを階級《かいきゅう》として表《あらわ》したものだよ。マグニチュードの数字《すうじ》が大《おお》きくても、地震《じしん》が起《お》こる場所《ばしょ》＝震源《しんげん》が深《ふか》かったり遠《とお》かったりすると、震度《しんど》は小《ち》さくなるんだ。

むずかしいことはまかせるよ～ あーこわい！

マグニチュードと震源《しんげん》の深《ふか》さや距離《きょり》も、ちゃんと確認《かくにん》しないとね！

まず地震《じしん》を感《かん》じたらどうすればいいの？

ボク「おかあさ～ん！」っていいそう……

ゆれを感《かん》じたら、すぐに机《つくえ》やテーブルの下《した》にかくれよう。物《もの》が落《お》ちてきて、けがをしないようにね！

ゆれがおさまったら、先生《せんせい》や大人《おとな》にしたがって安全《あんぜん》に避難《ひなん》しよう！

防災意識《ぼうさいいしき》ってどういうこと？

何《なに》をすればいいのやら…

日《ひ》ごろから、家《いえ》の人《ひと》と話《はな》し合《あ》っておくことが大切《たいせつ》だよ。地震《じしん》や火事《かじ》のときは、何《なに》を持《も》ってどこににげるか。学校《がっこう》と家《いえ》とで家族《かぞく》がばらばらの時《とき》は、どうやって連絡《れんらく》を取《と》り合《あ》うかなどを決《き》めておこう！

この子《こ》、連《つ》れて行《い》けるかなあ…

だいじょうぶ！ お兄《にい》ちゃんにまかせとけ！

9月《がつ》9日《ここのか》

重陽《ちょうよう》の節句《せっく》

【五節句《ごせっく》のひとつ】

古代中国《こだいちゅうごく》では、奇数《きすう》が重《かさ》なる日《ひ》は縁起《えんぎ》のいい日《ひ》とされていたんだ。その習慣《しゅうかん》が日本《にほん》にも伝《つた》わって「五節句《ごせっく》」というようになったんだよ。中《なか》でも、一番数《いちばんかず》の大《おお》きい9月《がつ》9日《ここのか》は盛大《せいだい》にお祝《いわ》いするようになったんだね。

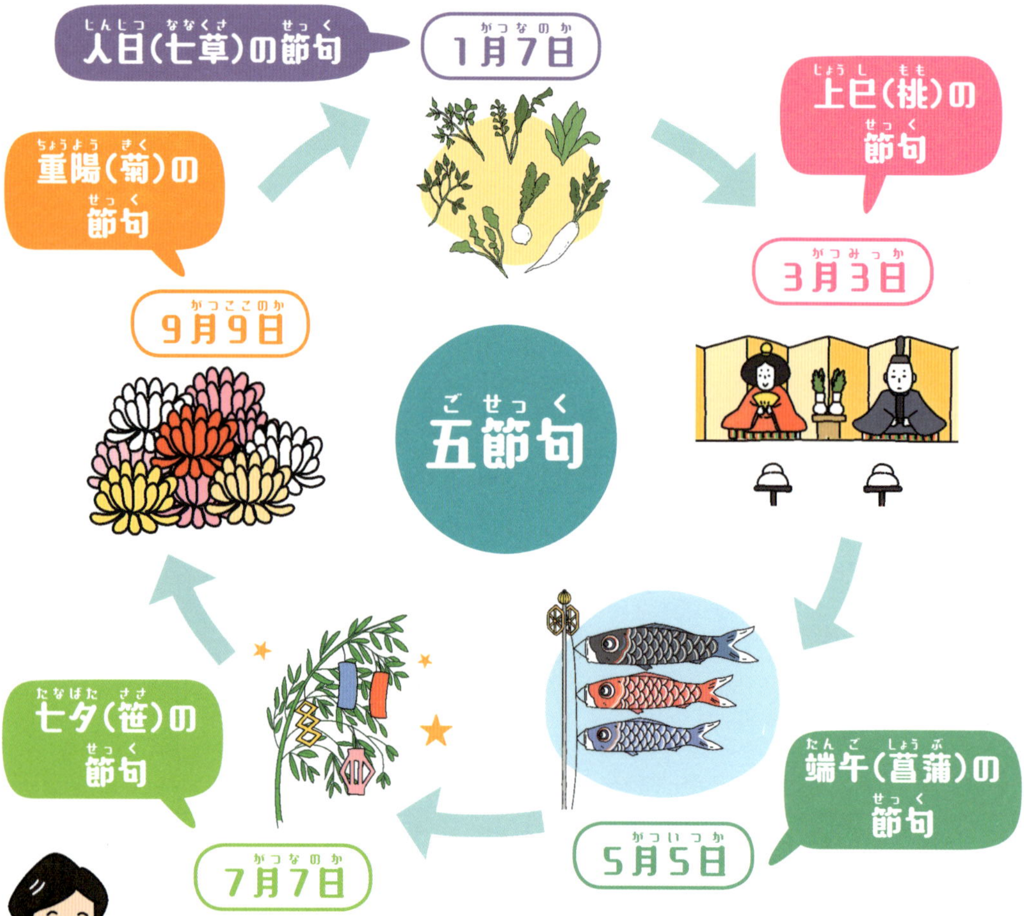

五節句《ごせっく》
人日《じんじつ》(七草《ななくさ》)の節句《せっく》
1月7日《がつなのか》
上巳《じょうし》(桃《もも》)の節句《せっく》
3月3日《がつみっか》
端午《たんご》(菖蒲《しょうぶ》)の節句《せっく》
5月5日《がついつか》
七夕《たなばた》(笹《ささ》)の節句《せっく》
7月7日《がつなのか》
重陽《ちょうよう》(菊《きく》)の節句《せっく》
9月9日《がつここのか》

五節句《ごせっく》は、七草《ななくさ》やひな祭《まつ》りなど、それぞれに行事《ぎょうじ》があるね。
そっかあ。縁起《えんぎ》がいい日《ひ》だから行事《ぎょうじ》があるんだね
「桃《もも》の節句《せっく》」とか「端午《たんご》の節句《せっく》」っていうもんね！

重陽《ちょうよう》の節句《せっく》って、どんなことをするの？

あまり聞《き》いたことないしなー。

有名《ゆうめい》なのは「菊祭《きくまつ》り」だよ。菊《きく》は長寿《ちょうじゅ》の花《はな》とされていて、菊《きく》をみながら菊《きく》のお酒《さけ》を飲《の》むと長生《ながい》きするといわれているんだ。

菊《きく》の花《はな》って、お墓参《はかまい》りのときにしかみたことなかったよ

こんなにたくさんの種類《しゅるい》があるなんて、きれいね〜！

日本《にほん》では「9」は「苦《く》」を思《おも》いおこすけど、中国《ちゅうごく》ではいい数字《すうじ》。国《くに》によってちがうんだね。

重陽《ちょうよう》の節句《せっく》に食《た》べるものってないのかな？

そろそろおなかすいたよ〜

9月《がつ》9日《ここのか》はお米《こめ》の収穫時期《しゅうかくじき》と重《かさ》なるので、収穫祭《しゅうかくさい》の意味《いみ》もこめて栗《くり》ご飯《はん》をたいてお祝《いわ》いするんだ！栗《くり》も秋《あき》の味覚《みかく》だから、この時期《じき》においしいものが重《かさ》なってますますおいしくなるね！

もっと栗《くり》をたくさんのせちゃおう！

9月《がつ》第《だい》3月《げつ》曜日《ようび》

敬老《けいろう》の日《ひ》

【お年寄《としよ》りを敬《うやま》う日《ひ》】

年齢《ねんれい》を重《かさ》ねるっていうことは、それだけ長《なが》い時間《じかん》、社会《しゃかい》のためにがんばっているということなんだよ。敬《うやま》うというのは「礼《れい》をつくす」「尊敬《そんけい》する」という意味《いみ》。感謝《かんしゃ》の気持《きも》ちとともに敬《うやま》おう！

1951年《ねん》
聖徳太子《しょうとくたいし》は身《み》よりのない老人《ろうじん》のため9月《がつ》15日《にち》に施設《しせつ》を作《つく》った…
なら9月《がつ》15日《にち》は老人《ろうじん》の日《ひ》にしよう！
1966年《ねん》
老人《ろうじん》の日《ひ》を敬老《けいろう》の日《ひ》にして国民《こくみん》の祝日《しゅくじつ》にしよう！
やった――！休《やす》みだ――！
2003年《ねん》
敬老《けいろう》の日《ひ》を9月《がつ》第3月曜日《げつようび》にします
いえーい！三連休《さんれんきゅう》――！
ところで敬老《けいろう》の日《ひ》ってなに？
おじいちゃん、おばあちゃんに感謝《かんしゃ》する日《ひ》よ！

何歳以上《なんさいいじょう》の人《ひと》をお年寄《としよ》りとするかは関係《かんけい》なくて、日本《にほん》では年配《ねんぱい》の方《かた》を敬《うやま》う気持《きも》ちを大切《たいせつ》にしているんだよ。

うちのおじいちゃん、おばあちゃんは元気《げんき》だよね
いつまでも元気《げんき》でいられるように、大事《だいじ》にしようね

おじいちゃんが60歳《さい》のとき、赤《あか》い服《ふく》をプレゼントされたのはどうして？

喜《よろこ》んでたけどね～

60歳《さい》（数《かぞ》え年《どし》で61歳《さい》）は「還暦《かんれき》」といって、生《う》まれ年《どし》の干支《えと》にもどることから、「赤子《あかご》＝赤《あか》ちゃんにかえったような気持《きも》ちで、これからも元気《げんき》に」という思《おも》いをこめて赤《あか》いものをおくるんだよ。

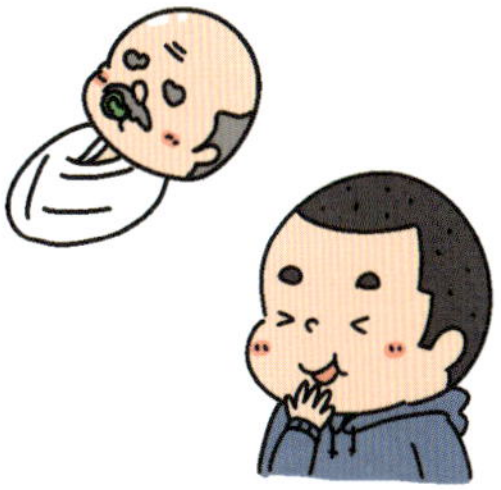

赤《あか》ちゃんだから赤《あか》って、ダジャレじゃん！

日本《にほん》には、言葉《ことば》をもじった行事《ぎょうじ》や風習《ふうしゅう》が多《おお》いのよ

長寿《ちょうじゅ》のお祝《いわ》いに縁起《えんぎ》がいいものは？

いい質問《しつもん》だね！　縁起《えんぎ》がいいものをおくると、おじいちゃんやおばあちゃんに喜《よろこ》ばれるよ。

えびせん

海老《えび》

腰《こし》が曲《ま》がってひげが生《は》えるまで元気《げんき》でいてほしい、と願《ねが》う食《た》べ物《もの》。お正月《しょうがつ》のおせち料理《りょうり》にも入《はい》っているね！

桃《もも》

中国《ちゅうごく》では不老長寿《ふろうちょうじゅ》の象徴《しょうちょう》で、「桃源郷《とうげんきょう》」っていうのは不老不死《ふろうふし》の仙人《せんにん》がいるといわれているんだ。

松《まつ》

松《まつ》も長寿《ちょうじゅ》のシンボル。お正月《しょうがつ》の門松《かどまつ》にも使《つか》われているね。松《まつ》をおくるのはむずかしいから、松《まつ》の模様《もよう》のものがいいかもね。

鶴《つる》と亀《かめ》

「鶴《つる》は千年《せんねん》、亀《かめ》は万年《まんねん》」ということわざがあるように、両方《りょうほう》とも縁起《えんぎ》のいい生《い》き物《もの》だよ。

長生きだねー
いえいえそちらこそ

「暑《あつ》さ寒《さむ》さも彼岸《ひがん》まで」ということわざがあるように、春分《しゅんぶん》の日《ひ》・秋分《しゅうぶん》の日《ひ》は季節《きせつ》の変《か》わり目《め》でもあるね。秋《あき》のお彼岸《ひがん》も、お墓参《はかまい》りに行《い》ってご先祖《せんぞ》さまを供養《くよう》するんだよ。

9月《がつ》23日《にち》

秋分《しゅうぶん》の日《ひ》

【亡《な》くなった人《ひと》をしのぶ日《ひ》】

季節《きせつ》による昼《ひる》と夜《よる》の時間《じかん》の変化《へんか》

春分《しゅんぶん》の日《ひ》と同《おな》じように、秋分《しゅうぶん》の日《ひ》も昼《ひる》と夜《よる》の長《なが》さが同《おな》じになるんだよ！

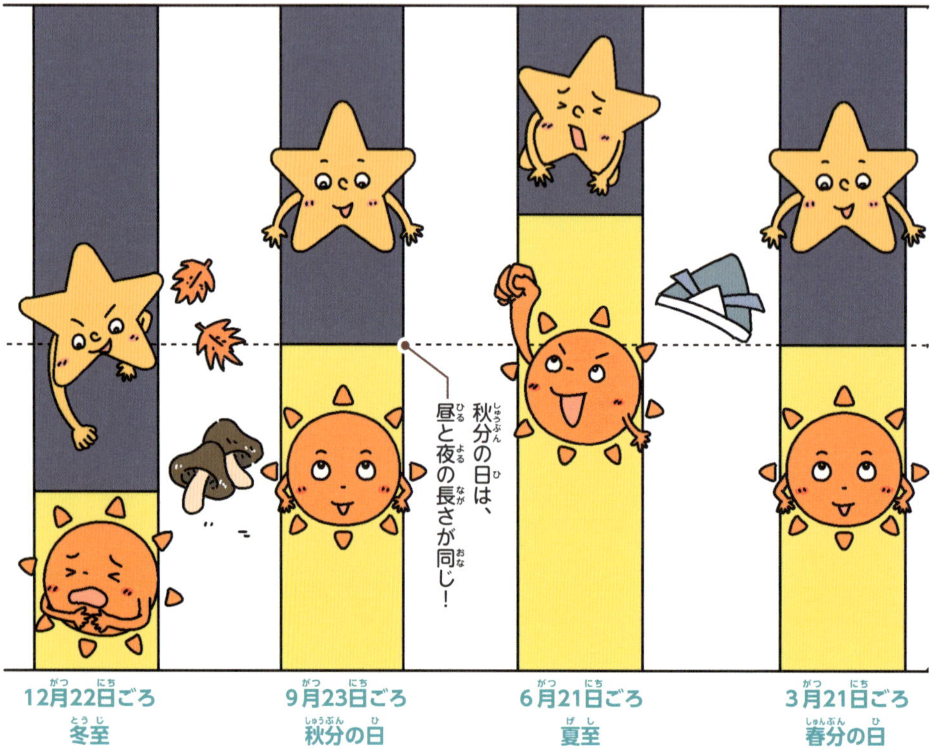

夜《よる》
昼《ひる》
秋分《しゅうぶん》の日《ひ》は、昼《ひる》と夜《よる》の長《なが》さが同《おな》じ！
12月《がつ》22日《にち》ごろ
冬至《とうじ》
9月《がつ》23日《にち》ごろ
秋分《しゅうぶん》の日《ひ》
6月《がつ》21日《にち》ごろ
夏至《げし》
3月《がつ》21日《にち》ごろ
春分《しゅんぶん》の日《ひ》

あっ！春分《しゅんぶん》の日《ひ》は「ぼたもち」だったけど、秋分《しゅうぶん》の日《ひ》は「おはぎ」だね！
ぼたもち
おはぎ
そういうことだけは、ちゃんと覚《おぼ》えているんだから……

知《し》っておこう！

月齢《げつれい》

新月《しんげつ》をゼロとして計算《けいさん》した日数《にっすう》のこと。満月《まんげつ》は「15」になるから「十五夜《じゅうごや》」っていうんだね。

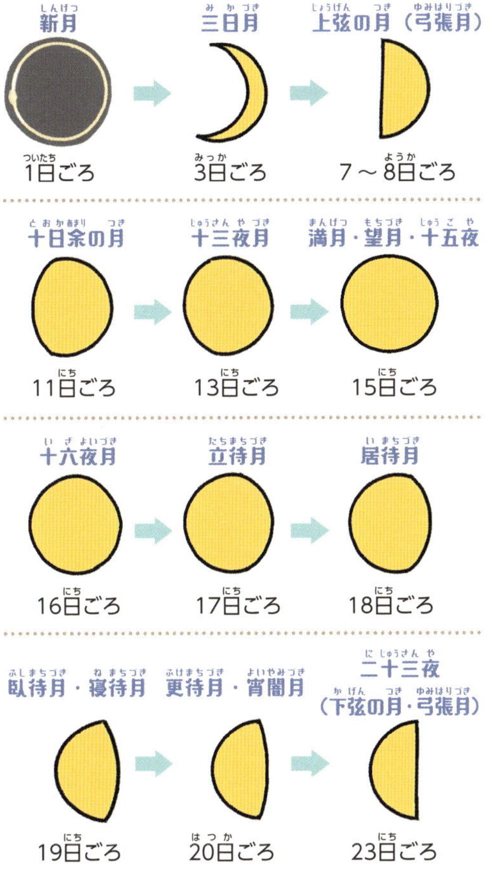

新月《しんげつ》
1日《ついたち》ごろ
三日月《みかづき》
3日《みっか》ごろ
上弦《じょうげん》の月《つき》（弓張月《ゆみはりづき》）
7～8日《ようか》ごろ
十日余《とおかあまり》の月《つき》
11日《にち》ごろ
十三夜月《じゅうさんやづき》
13日《にち》ごろ
満月《まんげつ》・望月《もちづき》・十五夜《じゅうごや》
15日《にち》ごろ
十六夜月《いざよいづき》
16日《にち》ごろ
立待月《たちまちづき》
17日《にち》ごろ
居待月《いまちづき》
18日《にち》ごろ
臥待月《ふしまちづき》・寝待月《ねまちづき》
19日《にち》ごろ
更待月《ふけまちづき》・宵闇月《よいやみづき》
20日《はつか》ごろ
二十三夜《にじゅうさんや》
（下弦《かげん》の月《つき》・弓張月《ゆみはりづき》）
23日《にち》ごろ

昔《むかし》は、月《つき》の形《かたち》で日付《ひづけ》を、月《つき》の角度《かくど》で時間《じかん》を知《し》ったんだ。和歌《わか》でも月《つき》はよく歌《うた》われているよ。

お月見《つきみ》って、何《なに》をするの？

ただ月《つき》をみるだけじゃ、つまんないなー

十五夜《じゅうごや》に、秋《あき》の七草《ななくさ》やススキ、おだんご、果物《くだもの》などをお供《そな》えして月《つき》をながめるんだよ。

おだんごって何個《なんこ》食《た》べていいのかなあ…

食《た》べることより、美《うつく》しいお月《つき》さまをみるのが先《さき》でしょ！

どうして月《つき》は「三日月《みかづき》」とか「満月《まんげつ》」とか名前《なまえ》が変《か》わるの？　月《つき》はひとつしかないのにね。

月《つき》は、太陽《たいよう》の位置《いち》によってみえる形《かたち》がちがうんだよ。太陽《たいよう》は毎日動《まいにちうご》いているから、その日《ひ》によって「三日月《みかづき》」になったり「満月《まんげつ》」になったりすることを「月《つき》の満《み》ち欠《か》け」というんだ！

体《たい》育《いく》の日《ひ》

【スポーツに親《した》しむ】

運動《うんどう》は、体《からだ》にも心《こころ》にもいい影響《えいきょう》があるんだ。もし落《お》ちこんでいる時《とき》でも、思《おも》いっきり走《はし》ったり、思《おも》いっきりボールを投《な》げたりするとすっきりするよね。うまくできなくてもいい、体《からだ》を動《うご》かして細胞《さいぼう》を目《め》覚《ざ》めさせることが大事《だいじ》だよ！

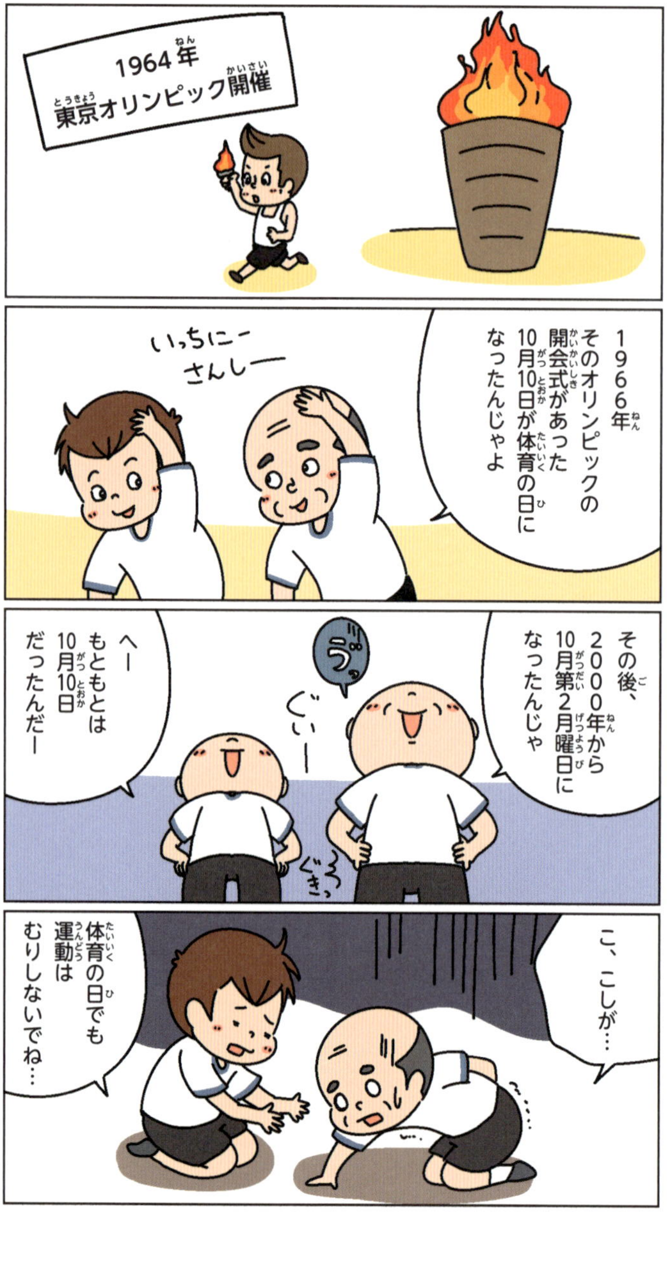
1964年《ねん》
東京《とうきょう》オリンピック開催《かいさい》
1966年《ねん》そのオリンピックの開会式《かいかいしき》があった10月《がつ》10日《とおか》が体育《たいいく》の日《ひ》になったんじゃよ
いっちにー さんしー
その後《ご》、2000年《ねん》から10月《がつ》第《だい》2月《げつ》曜《よう》日《び》になったんじゃ
うっ
ぐいー
へー もともとは10月《がつ》10日《とおか》だったんだー
ぐきっ
こ、こしが…
体育《たいいく》の日《ひ》でも運動《うんどう》はむりしないでね…

新幹線《しんかんせん》は、1964年《ねん》のオリンピックをきっかけにできたんだよ。

オリンピックに出《で》るとしたら、やっぱり短《たん》きょりかなあ…
あのね、運動会《うんどうかい》に出《で》るみたいな感《かん》じでいいわないの！

「スポーツの秋《あき》」っていうのはどうして？

ぼくは一年中《いちねんじゅう》してるけどなー

秋《あき》は夏《なつ》ほど暑《あつ》くもなく、冬《ふゆ》ほど寒《さむ》くなく、すずしくてちょうどいい気候《きこう》だよね。だから、スポーツをはじめいろんなことに集中《しゅうちゅう》できるいい季節《きせつ》なんだよ。「読書《どくしょ》の秋《あき》」「芸術《げいじゅつ》の秋《あき》」「勉強《べんきょう》の秋《あき》」……。実《みの》り多《おお》い季節《きせつ》だから「食欲《しょくよく》の秋《あき》」ともいうね。

ぼくは断然《だんぜん》食欲《しょくよく》の秋《あき》！

じゃあ、読書《どくしょ》や勉強《べんきょう》はいつやるの？

知《し》っておこう！

10月《がつ》31日《にち》はハロウィン

カボチャのかざりを作《つく》って仮装《かそう》するお祭《まつ》りとして、ハロウィンを楽《たの》しんでいるかな？
もともとは、キリスト教《きょう》の国《くに》で、秋《あき》の収穫《しゅうかく》のお祝《いわ》いと悪霊《あくりょう》を追《お》いはらうためのお祭《まつ》りなんだ。

くりぬいたカボチャの中《なか》にろうそくをたてて、悪魔《あくま》を追《お》いはらうんだ！
仮装《かそう》した子《こ》どもたちは、「Trick《トリック》 or《オア》 Treat《トリート》！（おかしをくれないといたずらするぞ！という意味《いみ》）」といって近所《きんじょ》の家《いえ》を回《まわ》り、大人《おとな》からおかしをもらうんだよ。

「おかしくれないといたずらするぞ」って、ずいぶん子《こ》どもっぽいなぁ

自分《じぶん》だって子《こ》どものくせに…

11月《がつ》3日《みっか》 文化《ぶんか》の日《ひ》

【文化《ぶんか》をすすめる日《ひ》】

この日《ひ》には、文化勲章《ぶんかくんしょう》の授与式《じゅよしき》があるよ。「文化《ぶんか》」とは、心《こころ》を豊《ゆた》かにしてくれるもの、生活《せいかつ》を快適《かいてき》にしてくれるもののこと。これらは、お金《かね》で買《か》えるものではなく、人間《にんげん》の知恵《ちえ》や努力《どりょく》によって生《う》み出《だ》されるものだよ！

文化《ぶんか》の日《ひ》の成《な》り立《た》ち

1946年《ねん》
（昭和《しょうわ》21年《ねん》）

11月
3日

1948年《ねん》
（昭和《しょうわ》23年《ねん》）

憲法

日本国憲法《にほんこくけんぽう》が
公布《こうふ》された日《ひ》

日本国憲法《にほんこくけんぽう》は平和《へいわ》と
文化《ぶんか》を重視《じゅうし》しているから
「11月3日《がつみっか》を文化《ぶんか》の日《ひ》としよう！」

もともと11月3日《がつみっか》は、明治天皇《めいじてんのう》の誕生日《たんじょうび》をお祝《いわ》いする日《ひ》だったんだよ。

歌《うた》とかダンスも文化《ぶんか》なのかなあ…
心《こころ》が豊《ゆた》かになるから、きっと文化《ぶんか》ね！

文化勲章《ぶんかくんしょう》って、どんな人《ひと》がもらえるの？

ぼくもがんばれば
もらえるかなー

芸術《げいじゅつ》や学問《がくもん》、発明《はつめい》や発見《はっけん》など、文化《ぶんか》の発達《はったつ》に功績《こうせき》をあげた人《ひと》たちにおくられるものだよ。受章者《じゅしょうしゃ》には水玉模様《みずたまもよう》の前衛芸術《ぜんえいげいじゅつ》で知《し》られる草間彌生《くさまやよい》さん、iPS細胞《アイピーエスさいぼう》の研究《けんきゅう》でノーベル賞《しょう》を受賞《じゅしょう》した山中伸弥《やまなかしんや》さんなどがいるよ。

賞品《しょうひん》とか
あるのかなー

あるわけ
ないでしょ！

「褒章《ほうしょう》」っていうのは何《なに》？

なんか、色《いろ》の名前《なまえ》が
ついていたような…

おっ、よく気《き》づいたね。各褒賞《かくほうしょう》には色《いろ》の名前《なまえ》がついているんだよ。

テレビで見《み》たことがあるかもしれないけど、芸能《げいのう》の人《ひと》たちがもらうのは紫綬褒章《しじゅほうしょう》だよ。

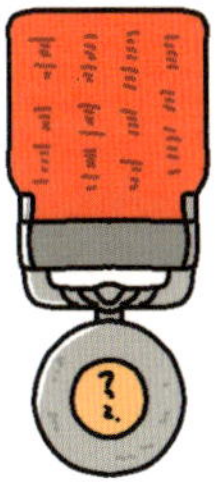

紅綬褒章《こうじゅほうしょう》

人《ひと》の命《いのち》を救《すく》うことに努力《どりょく》した人《ひと》

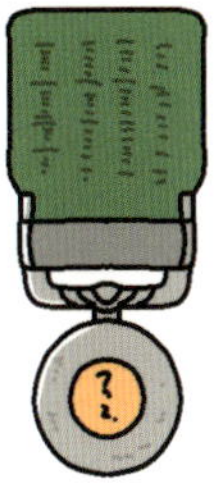

緑綬褒章《りょくじゅほうしょう》

社会《しゃかい》に奉仕《ほうし》する活動《かつどう》をした人《ひと》

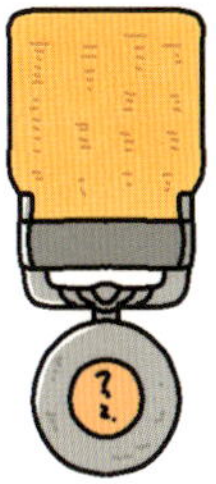

黄綬褒章《おうじゅほうしょう》

農業《のうぎょう》・商業《しょうぎょう》・工業《こうぎょう》でお手本《てほん》になる活躍《かつやく》をした人《ひと》

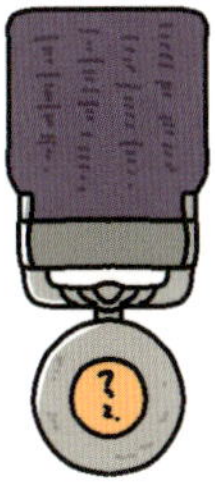

紫綬褒章《しじゅほうしょう》

学術《がくじゅつ》や芸術《げいじゅつ》での功績《こうせき》をあげた人《ひと》

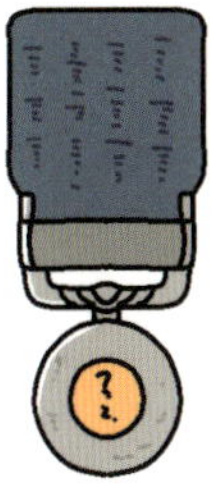

藍綬褒章《らんじゅほうしょう》

公共《こうきょう》の仕事《しごと》につくした人《ひと》

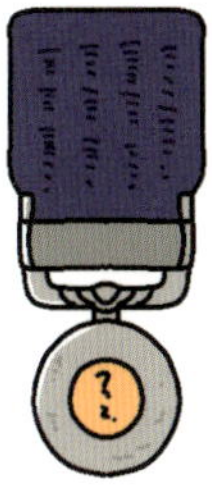

紺綬褒章《こんじゅほうしょう》

社会《しゃかい》のために寄付《きふ》をした人《ひと》

ぼくは緑《みどり》が
いいなあ～

好《す》きな色《いろ》を
選《えら》べるわけじゃ
ないのよ！

子《こ》どもが無事《ぶじ》に育《そだ》ったことを感謝《かんしゃ》し、これからも神様《かみさま》に見守《みまも》ってもらうようにお願《ねが》いする儀式《ぎしき》だよ。３歳《さい》は男《おとこ》の子《こ》と女《おんな》の子《こ》、５歳《さい》は男《おとこ》の子《こ》、７歳《さい》は女《おんな》の子《こ》をお祝《いわ》いするよ！

七五三《しちごさん》の風習《ふうしゅう》

7歳《さい》「帯解《おびとき》」

大人《おとな》の着物《きもの》を着《き》て、帯《おび》をしめる。

5歳《さい》「袴着《はかまぎ》」

碁盤《ごばん》に乗《の》って袴《はかま》をはかせてもらう。

3歳《さい》「髪置《かみお》き」

白《しろ》い綿《わた》ぼうしをかぶるのは、白髪《しらが》の生《は》えるまで長生《ながい》きしますように！　という意味《いみ》。

本当《ほんとう》ね。神様《かみさま》にも親《おや》にも感謝《かんしゃ》しないとね！
今《いま》の時代《じだい》に生《う》まれてよかった！
昔《むかし》は食《た》べ物《もの》もなく、医《い》療《りょう》も発達《はったつ》していなかったから、小《ちい》さいうちに亡《な》くなってしまう子《こ》が多《おお》かったんだ。だから、子《こ》どもの成長《せいちょう》を祝《いわ》うようになったんだよ！

どうして3歳《さい》、5歳《さい》、7歳《さい》なの？

4歳《さい》とかじゃだめなのかな？

中国《ちゅうごく》では、奇数《きすう》が縁起《えんぎ》のいい数字《すうじ》だからね。平安時代《へいあんじだい》には、貴族《きぞく》や公家《くげ》で3歳《さい》・5歳《さい》・7歳《さい》の儀式《ぎしき》が行《おこな》われていたんだよ。

歌《うた》ってみよう！

「通《とお》りゃんせ」

通《とお》りゃんせ　通《とお》りゃんせ
ここはどこの　細道《ほそみち》じゃ
天神《てんじん》さまの　細道《ほそみち》じゃ
ちっと通《とお》して　下《くだ》しゃんせ
御用《ごよう》のないもの　通《とお》しゃせぬ
この子《こ》の七《なな》つの　お祝《いわ》いに
お札《ふだ》をおさめに　まいります
行《い》きはよいよい　帰《かえ》りはこわい
こわいながらも
通《とお》りゃんせ　通《とお》りゃんせ

歌詞《かし》に七五三《しちごさん》が出《で》てくるね～

七五三《しちごさん》の時《とき》に、千歳《ちとせ》あめを持《も》つのはどうして？

甘《あま》くておいしいんだよね～

長《なが》いあめには、「長《なが》生《い》きできますように」という願《ねが》いがこめられているんだ。「千歳《ちとせ》」っていうのは「千年《せんねん》」という意味《いみ》だよ。
また、お祝《いわ》いのときには「お赤飯《せきはん》」を食《た》べるよね。ハレの日《ひ》の食《た》べ物《もの》として欠《か》かせないよ！

コラム

長寿《ちょうじゅ》のお祝《いわ》い

60歳《さい》で「還暦《かんれき》」をむかえたあと、決《き》まった年齢《ねんれい》で長寿《ちょうじゅ》の祝《いわ》いをするよ。それぞれ名前《なまえ》があるから、知《し》っておこう！ 長寿《ちょうじゅ》の人《ひと》から昔《むかし》の話《はなし》を聞《き》くと、勉強《べんきょう》になることがたくさんあるね。

古希《こき》（70歳《さい》）

中国《ちゅうごく》の詩《し》「人生《じんせい》七十《しちじゅう》、古来《こらい》稀《まれ》なり」からきているよ。

還暦《かんれき》（60歳《さい》）

生《う》まれた年《とし》の干支《えと》にもどって、第二《だいに》の人生《じんせい》がスタート！

百寿《ひゃくじゅ》（100歳《さい》）

100歳《さい》、おめでとう!!

茶寿《ちゃじゅ》（108歳《さい》）

111歳《さい》は「皇寿《こうじゅ》」というよ！

喜寿《きじゅ》（77歳《さい》）

「喜《き》」という字《じ》のくずし字《じ》「㐂」が「七十七《ななじゅうなな》」にみえることから。

傘寿《さんじゅ》（80歳《さい》）

「傘《かさ》」の略字《りゃくじ》「仐」が「八十《はちじゅう》」にみえることから。

半寿《はんじゅ》（81歳《さい》）

「半《はん》」の字《じ》が「八《はち》・十《じゅう》・一《いち》」になるから。

米寿《べいじゅ》（88歳《さい》）

「米《こめ》」の字《じ》が「八《はち》・十《じゅう》・八《はち》」になるから。

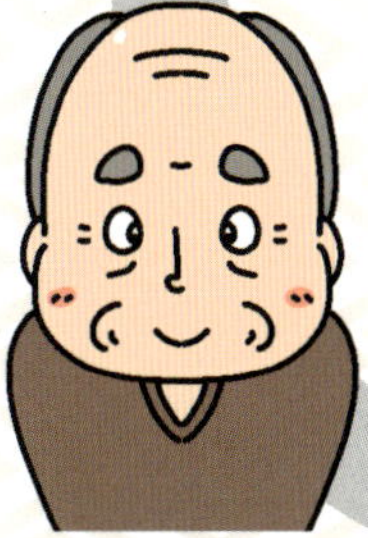

80歳《さい》と81歳《さい》は、連続《れんぞく》でお祝《いわ》いだね！いいなあ

漢字《かんじ》の成《な》り立《た》ちからできたお祝《いわ》いが多《おお》いのね！

卒寿《そつじゅ》（90歳《さい》）

「卒《そつ》」の略字《りゃくじ》「卆」が「九《きゅう》・十《じゅう》」にみえることから。

白寿《はくじゅ》（99歳《さい》）

「百《ひゃく》」の字《じ》から「一《いち》」をひくと…「白《しろ》」！

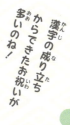

コラム

厄年《やくどし》とは？

厄年《やくどし》とは、病気《びょうき》や災難《さいなん》などにみまわれることが多《おお》いとされている年齢《ねんれい》のこと。神社《じんじゃ》でおはらいをしてもらうことで、不幸《ふこう》からのがれることができるんだよ！

本厄《ほんやく》を中心《ちゅうしん》に、前後《ぜんご》あわせて３年間《ねんかん》は気《き》をつけようということだね。

男性《だんせい》の厄年《やくどし》

前厄《まえやく》	本厄《ほんやく》	後厄《あとやく》
24歳《さい》	25歳《さい》	26歳《さい》
41歳《さい》	42歳《さい》	43歳《さい》
60歳《さい》	61歳《さい》	62歳《さい》

それだけ注意《ちゅうい》しなさいっていうことなのかもね

60歳《さい》から62歳《さい》は、男性《だんせい》も女性《じょせい》も厄年《やくどし》なんだね

厄年《やくどし》の年齢《ねんれい》は「数《かぞ》え年《どし》」。数《かぞ》え年《どし》は、生《う》まれた年《とし》を１歳《さい》として、正月《しょうがつ》をむかえるたびに１歳《さい》ふえていくよ。

女性《じょせい》の厄年《やくどし》

前厄《まえやく》	本厄《ほんやく》	後厄《あとやく》
18歳《さい》	19歳《さい》	20歳《さい》
32歳《さい》	33歳《さい》	34歳《さい》
36歳《さい》	37歳《さい》	38歳《さい》
60歳《さい》	61歳《さい》	62歳《さい》

女性《じょせい》の方《ほう》が厄年《やくどし》が
多《おお》いなんて…
女《おんな》はたいへんね！

わぁ～、30代《だい》は
厄年《やくどし》がつづくね
毎年《まいとし》おはらい
しなきゃね！

11月《がつ》23日《にち》

勤労《きんろう》感謝《かんしゃ》の日《ひ》

【勤労《きんろう》と生産《せいさん》に感謝《かんしゃ》する日《ひ》】

勤労感謝《きんろうかんしゃ》の日《ひ》は「勤労《きんろう》を尊《とうと》び、生産《せいさん》を祝《いわ》い、国民《こくみん》がたがいに感謝《かんしゃ》しあう日《ひ》」とされているよ。それぞれが自分《じぶん》の仕事《しごと》をきちんとし、社会《しゃかい》のために努力《どりょく》しあうことで、幸《しあわ》せな生活《せいかつ》が送《おく》れるということを覚《おぼ》えておこう！　宮中《きゅうちゅう》では新嘗祭《にいなめさい》が行《おこな》われるよ。

勤労感謝《きんろうかんしゃ》の日《ひ》の成《な》り立《た》ち

戦前《せんぜん》までは新嘗祭《にいなめさい》

1948（昭和《しょうわ》23）年《ねん》に勤労感謝《きんろうかんしゃ》の日《ひ》に！

昔《むかし》は農業《のうぎょう》や漁業《ぎょぎょう》などの第一《だいいち》次《じ》産業《さんぎょう》が主《おも》な仕事《しごと》だったけど、今《いま》はいろんな職業《しょくぎょう》があるよね。
なんか、いまどきね…
ぼくはユーチューバーになりたいなぁ

新嘗祭《にいなめさい》って、どんなことをしているの?

なんかを「なめる」の??

「新嘗《にいなめ》」っていうのは、その年《とし》に収穫《しゅうかく》した穀《こく》物《もつ》のこと。新嘗祭《にいなめさい》は古代《こだい》からあって、収穫《しゅうかく》した穀物《こくもつ》を神様《かみさま》にささげて感謝《かんしゃ》し、天皇陛下《てんのうへいか》が新《あたら》しいお米《こめ》を食《た》べるという行事《ぎょうじ》なんだよ。

お米《こめ》は日本人《にほんじん》にとって大事《だいじ》な食料《しょくりょう》だもんね

一《ひと》つぶ残《のこ》さずきれいに食《た》べなきゃ!

大人《おとな》になったら働《はたら》かなきゃいけないの?

毎日《まいにち》早《はや》起《お》きできるかな〜

働《はたら》くこと、つまり「労働《ろうどう》」は国民《こくみん》の義《ぎ》務《む》なんだ。日本国憲法《にほんこくけんぽう》にもそう書《か》いてあるよ。
でも、つらいことばかりではないよ。働《はたら》くことは、人《ひと》や社会《しゃかい》のために役立《やくだ》つこと。貢献《こうけん》できるとやりがいがあるね!

ユーチューバーもいいけど、おすし屋《や》さんもいいな…

夢《ゆめ》が大《おお》きいというか、気《き》が多《おお》いというか…

コラム

12月《がつ》の風物詩《ふうぶつし》

一年最後《いちねんさいご》の月《つき》は、新《あたら》しい年《とし》をむかえるための準備《じゅんび》で大《おお》いそがし！ 12月《がつ》ならではのイベントや習慣《しゅうかん》がたくさんあるよ。一年《いちねん》のしめくくりとして、大《おお》そうじもわすれずにね！

ゆず湯《ゆ》

冬至《とうじ》とは一年《いちねん》で一番夜《いちばんよる》が長《なが》い日《ひ》で、22日《にち》ごろ。ゆず湯《ゆ》に入《はい》ると、一年中《いちねんじゅう》かぜをひかないといわれているんだ。

カボチャ

冬至《とうじ》にはカボチャを食《た》べるよ。寒《さむ》い冬《ふゆ》には、栄養《えいよう》たっぷりのカボチャがいいとされているんだね！

クリスマス

クリスマスは、イエス・キリストの誕生日《たんじょうび》。それをお祝《いわ》いする行事《ぎょうじ》として始《はじ》まったんだよ！

昔《むかし》、セント・ニコラスという人《ひと》が、まずしい子《こ》どもたちにおくり物《もの》をしたことから、サンタクロースが生《う》まれたとされているよ！

一年分《いちねんぶん》のそうじなんて、無理《むり》だよ～

ふだんから、ちゃんとそうじしておくことが大事《だいじ》なのよ

大《おお》そうじ

大《おお》そうじで一年《いちねん》のよごれをきれいにし、新《あたら》しい年《とし》の神様《かみさま》をむかえ入《い》れる準備《じゅんび》をするんだよ！

いよいよ一年《いちねん》の最後《さいご》の日《ひ》。大《おお》みそかは、新《あたら》しい年《とし》の神様《かみさま》をおむかえするじゅんびの日《ひ》でもあるよ。そして、今年《ことし》一年《いちねん》無事《ぶじ》にすごせたことに感謝《かんしゃ》する日《ひ》でもあるんだ。今年《ことし》はどんな年《とし》だったかな？　来年《らいねん》はどんな年《とし》にしたいかな？

12月《がつ》31日《にち》

大《おお》みそか

【一年《いちねん》の最後《さいご》の日《ひ》】

夜《よる》ごはんとは別《べつ》におそばが食《た》べられるなんて、大《おお》みそかならではだよね～
食《た》べすぎて、元旦《がんたん》にねぼうしないでよ！

大《おお》みそかに年《とし》こしそばを食《た》べる習慣《しゅうかん》は、江戸《えど》時代《じだい》からなんだよ。

どうしておそばを食《た》べるの？

うどんとか、ラーメンじゃダメ??

年《とし》こしそばを食《た》べる理由《りゆう》は、3つのいいことがあるからといわれているよ。

①そばは金《かね》を集《あつ》める！

金《きん》の加工《かこう》をする職人《しょくにん》が、練《ね》ったそば粉《こ》で散《ち》らばった金粉《きんぷん》を集《あつ》めていたことから。

②そばは切《き》れやすい！

悪《わる》い運《うん》やわざわいを、きっぱりと断《た》ち切《き》ってくれるとされたから。

なんか、そばってすごいんだね

昔《むかし》の人《ひと》は、食《た》べ物《もの》にまで願《ねが》いをこめていたのね

③そばは細長《ほそなが》くのびる！

寿命《じゅみょう》がのびるように、という願《ねが》いをこめて。

除夜《じょや》のかねは108回《かい》って決《き》まってるの？

とちゅうで数《かぞ》えまちがえそう…

そう、108というのは人間《にんげん》の煩悩《ぼんのう》の数《かず》なんだ。煩悩《ぼんのう》とは、自分《じぶん》を苦《くる》しめたり悩《なや》ませたりするもののこと。これが人間《にんげん》には108個《こ》あるとされていて、かねを鳴《な》らすことで、煩悩《ぼんのう》がひとつずつ消《き》えていくといわれているんだよ。

今年《ことし》の煩悩《ぼんのう》をすべて消《け》して、新《あたら》しい年《とし》をむかえるための習慣《しゅうかん》なんだね。

108個《こ》かぁ…そんなにあるのかなあ…

もっともっとありそうだけど(笑)

コラム

七福神《しちふくじん》とは？

七福神《しちふくじん》には、インドや中国《ちゅうごく》、日本《にほん》の神様《かみさま》がいるんだ。日本《にほん》の神様《かみさま》は恵比寿様《えびすさま》だけだよ。それぞれの神様《かみさま》がまつられているお寺《てら》を回《まわ》る「七福神《しちふくじん》めぐり」をすると、七《なな》つの幸福《こうふく》がもたらされるといわれてるよ。

恵比寿《えびす》

商売繁盛《しょうばいはんじょう》の神様《かみさま》。右手《みぎて》につりざお、左手《ひだりて》に鯛《たい》を持《も》っているよ！

布袋《ほてい》

大《おお》きなおなかと笑《わら》い顔《がお》がありがたい神様《かみさま》だね。

寿老人《じゅろうじん》

伝説《でんせつ》の人物《じんぶつ》。白髪《しらが》でつえを持《も》つ、長寿《ちょうじゅ》の神様《かみさま》だよ。

大黒天《だいこくてん》

打《う》ち出《で》の小《こ》づちを持《も》っていて、開運《かいうん》の神様《かみさま》でもあるよ！

毘沙門天《びしゃもんてん》

武将《ぶしょう》の姿《すがた》をしている、福《ふく》をまねく神様《かみさま》だよ！

福禄寿《ふくろくじゅ》

大《おお》きな耳《みみ》たぶが特徴《とくちょう》で、長寿《ちょうじゅ》や幸福《こうふく》の神様《かみさま》だよ。

弁財天《べんざいてん》

唯一《ゆいいつ》の女《め》神様《がみさま》。財宝《ざいほう》をさずける神様《かみさま》だよ。

七福神《しちふくじん》は、「宝船《たからぶね》」に乗《の》っているといわれているんだ。
おめでたい神様《かみさま》だからね！

こんなにたくさん乗《の》ってて、
海《うみ》に落《お》ちないのかなぁ

大丈夫《だいじょうぶ》よ、
神様《かみさま》なんだから
ケンカなんかしないし…

あとがき

「覚《おぼ》えておきたい 日本《にほん》の行事《ぎょうじ》」を読《よ》んでみて、どうだったかな？

さっそくやってみたいと思《おも》ったことは、何《なに》かな？

今《いま》までは「やったー！ 祝日《しゅくじつ》で学校《がっこう》が休《やす》みだ！」と思《おも》っていた日《ひ》にも、ちゃんと理由《りゆう》があって、そこには日本人《にほんじん》が昔《むかし》から大事《だいじ》にしてきた思《おも》いがこめられていることに気《き》づいたんじゃないかな。

ただ昔《むかし》のことを勉強《べんきょう》するだけでは、楽《たの》しくないよね。それに、今《いま》のきみたちから見《み》たら、「どうしてそんなことするんだろう？」と思《おも》うこともあるかもしれない。

それは、とてもいい質問《しつもん》だよ。

この本《ほん》に出《で》てくる兄妹《きょうだい》も、「どうしてこんなことをするんだろう」と思《おも》っているよね。たとえば、「どうしてお正月《しょうがつ》のおせち料理《りょうり》には、ハンバーグがないんだろう？」ってね。

そう思《おも》ったら、次《つぎ》のお正月《しょうがつ》のときに、おせち料理《りょうり》を食《た》べながら、昔《むかし》の人《ひと》が、どんな気持《きも》ちでこれを食《た》べていたんだろう？　と考《かんが》えてみてほしい。そうすると、少《すこ》しその意味《いみ》に近《ちか》づけるかもしれないよ。

日本人《にほんじん》は、昔《むかし》から「節目《ふしめ》」を大事《だいじ》にしてきたんだ。季節《きせつ》の節目《ふしめ》、年齢《ねんれい》の節目《ふしめ》、数字《すうじ》の節目《ふしめ》。節目《ふしめ》ごとに神様《かみさま》に感謝《かんしゃ》して、新《あら》たな気持《きも》ちで次《つぎ》の一歩《いっぽ》をふみ出《だ》す。こうして長《なが》い年月《ねんげつ》を新鮮《しんせん》な気持《きも》ちですごしてきたんだね。

このシリーズは、このあと『日本《にほん》の偉人《いじん》』や『日本《にほん》の言葉《ことば》』と続《つづ》いていくよ。ぜひ楽《たの》しみにしていてね！

著者 齋藤 孝（さいとう たかし）

1960年静岡県生まれ。東京大学法学部卒業。東京大学大学院教育学研究科博士課程を経て、現在、明治大学文学部教授。専門は教育学、コミュニケーション論。NHK Eテレ「にほんごであそぼ」総合指導。
主な著書、監修作に『声に出して読みたい日本語』（草思社）『記憶力を鍛える齋藤孝式「呼吸法」』（秀和システム）『こども 日本の歴史』（祥伝社）のほか、NHK Eテレ「にほんごであそぼ」シリーズ『雨ニモマケズ 名文をおぼえよう』『おっと合点承知之助 ことばをつかってみよう』『でんでらりゅうば 歌って日本をかんじよう』『ややこしや 伝統芸能にふれてみよう』（金の星社）など多数。

＊行事の言葉や作法などは諸説ありますが、この本では、子どものやってみたいという気持ちや興味・好奇心を考えて著しています。

齋藤孝の覚えておきたい 日本の行事

初版発行／2018年5月

著　齋藤　孝
絵　深蔵

発行所　株式会社金の星社
　　　　〒111-0056　東京都台東区小島1-4-3
　　　　TEL　03-3861-1861（代表）　FAX　03-3861-1507
　　　　振替　00100-0-64678
　　　　ホームページ　http://www.kinnohoshi.co.jp

印刷・製本　図書印刷株式会社

80ページ　21cm　NDC386　ISBN978-4-323-05881-8

乱丁落丁本は、ご面倒ですが小社販売部宛にご送付ください。
送料小社負担でお取り替えいたします。

© Takashi Saito & Fukazo 2018,
Published by KIN-NO-HOSHI SHA, Tokyo Japan

JCOPY 出版者著作権管理機構 委託出版物
本書の無断複写は著作権法上での例外を除き禁じられています。複写する場合は、そのつど事前に出版者著作権管理機構（電話 03-3513-6969、FAX 03-3513-6979、e-mail: info@jcopy.or.jp）の許諾を得てください。
※本書を代行業者等の第三者に依頼してスキャンやデジタル化することは、たとえ個人や家庭内での利用でも著作権法違反です。

JASRAC出1805103-801

●編集協力
　佐藤 恵

●デザイン・DTP
　ニシ工芸株式会社（小林友利香）